『介護福祉士完全予想模試 '2◯◯版』収録の予想問題が第 3◯◯◯◯◯でズバリ的中◯◯

コンデックス情報研究所では、長年の◯◯◯◯◯◯◯◯◯◯に基づき予想問題を作成しています。その結果、第 36 回本試◯◯◯◯年 1 月実施)においては、以下のように予想問題と同じ問題が本試験◯◯◯◯出題されました。本書はその経験と研究の成果を活かして編集された書籍です。

本試験問題　問題 13　＜障害者差別解消法＞
1　法の対象者は，身体障害者手帳を交付された者に限定されている。（正解は×）

完全予想模試①　問題 12　＜障害者差別解消法＞
5　対象となる障害者は，障害者手帳を所有している者に限られる。（正解は×）

本試験問題　問題 70　＜社会奉仕の精神をもって，住民の立場に立って相談に応じ，必要な援助を行い，社会福祉の増進に努める者＞
1　民生委員（正解は○）

完全予想模試①　問題 73　＜保健・医療・福祉に関連する人材＞
5　民生委員は，常に住民の立場に立って相談に応じ，必要な援助を行うフォーマルな社会資源の 1 つである。（正解は○）

本試験問題　問題 103　＜デスカンファレンス＞
4　亡くなった利用者の事例を振り返り，今後の介護に活用する。（正解は○）

完全予想模試②　問題 101　＜デスカンファレンス＞
4　介護福祉職自身の振り返りに活かすことができる。（正解は○）

的中問題続出 !!

本試験問題		完全予想模試	
本試験問題	14-2	完全予想模試②	問題 9-2
本試験問題	14-3	完全予想模試②	問題 9-1
本試験問題	21-5	完全予想模試①	問題 90-3
本試験問題	85-2	完全予想模試②	問題 82-2
本試験問題	86-1	完全予想模試②	問題 85-5
本試験問題	107-4	完全予想模試②	問題 112-4
本試験問題	107-1	完全予想模試②	問題 112-5

ズバリ的中 !!

他　多数 !!

『介護福祉士完全予想模試 '25 年版』は 2024 年 7 月頃発売予定

本書の使い方

本書は、介護福祉士試験の筆記試験で必ず覚えておくべき**重要項目**について、12の試験科目から短文形式でピックアップしました。

各項目とも**キーワードには** ～～～ 線をつけ、**解説部分にはポイントがひとめでわかるように、図表やイラスト**を入れています。また、付属の**赤シートを活用**することで、さらに効率的な学習ができます。

● 重要項目を確認
まずはキーワードを押さえよう！

● 赤シートを活用
赤シートを使って効率的に知識を定着させよう！

● 解説でより深く理解
図表やイラストで重要項目をより深く理解しよう！

---

① 生活と福祉

check!

わが国は、高齢化率が3割に迫る超高齢社会であり、前期高齢者より後期高齢者の占める割合が高い

わが国の高齢化率（総人口に占める65歳以上人口の割合）は、29.2%である。後期高齢者（75歳以上）が総人口に占める割合は16.3%で、前期高齢者（65～74歳）の12.9%を上回っている。

（総務省統計局「人口推計」2024年1月1日現在（概算値））

check!

高齢者世帯のうち「三世代世帯」は減少し、「単独世帯」などは増加傾向にある

近年、世帯のあり方が変化して多様化し、65歳以上の者のいる世帯（高齢者世帯）のうち、三世代世帯は大きく減少した。一方、単独世帯、夫婦のみの世帯は増加傾向にある。

世帯とは、「住まいと生計を同じくする人達の集まり、または一戸を構えて住んでいるか自分だけで生計を営んでいる単身者」のことをいいます。他人であっても住まいと生計が同じであれば同じ世帯となり、住まいが同じであっても生計が別であれば別の世帯となります。

Q わが国は、高齢化率が29%を超える高齢化社会である。

● check! マーク
繰り返した回数や理解度をチェックしよう！

領域Ⅰ

check!

家族の機能には、生命維持機能、生活維持機能、ケア機能の3つがある

家族の機能には、食欲、性欲、安全の欲求を満たす**生命維持機能**、経済的に支え合う**生活維持機能**、高齢者や乳幼児、障害者などに対する**ケア機能**がある。

3

社会の理解

❶

生活と福祉

check!

家族は、規模や構成によって分類される

生殖家族（創設家族）	自分が結婚してつくる家族
定位家族（出生家族）	自分が生まれ育った家族
核家族	1組の夫婦とその子どもだけの家族
拡大家族	核家族に親やきょうだいなどそれより上の世代も含む家族
修正拡大家族	非同居だが子世代の核家族と親世代が頻繁に行き来し、相互援助の関係にある家族
直系家族	子のうちの1人が親と同居し、財産を相続
複合家族	複数の子どもの家族（核家族）が親と同居

● Q&A で理解度チェック
一問一答式の問題で、関連知識を定着させよう！

A × 高齢化率が7%を超えた社会を高齢化社会、14%を超えた社会を高齢社会、21%を超えた社会を超高齢社会という。わが国では2007年から超高齢社会になっている。

介護福祉士重要項目
CONTENTS

これだけ覚える!

〔注〕 現在、「障害」の表記を「障がい」あるいは「障碍」と改める動きがありますが、本書では、法律上の表記に則り、「障害」を用いています。

介護福祉士試験ガイダンス

試験に関する情報は、原則として 2024 年 4 月 1 日現在のものです。変更される場合がありますので、受験される方は、必ずご自身で試験実施団体の発表する最新情報を確認してください。

◆受験申込から筆記試験までの日程

(1) 受験申込手続詳細公表：2024 年 7 月上旬
(2) 受験申込受付期間：2024 年 8 月上旬～ 9 月上旬
(3) 筆記試験：2025 年 1 月下旬

◆筆記試験内容

(1) 出題形式：五肢択一を基本とする多肢選択形式
(2) 出題数：125 問
(3) 総試験時間：220 分
(4) 合格基準：以下の条件を両方満たした場合
　　（ア）総得点の 60％程度を基準として、問題の難易度で補正した点数以上の得点の者
　　（イ）試験科目群のすべてにおいて得点があった者

◆試験に関する問い合わせ先

公益財団法人 社会福祉振興・試験センター
〒 150-0002　東京都渋谷区渋谷 1-5-6　SEMPOS ビル
（試験案内専用電話）03-3486-7559（音声案内、24 時間対応）
（試験室電話）03-3486-7521（9 時～17 時、土曜・日曜・祝日を除く）
（ホームページ URL）https://www.sssc.or.jp/

領域Ⅰ：人間と社会

❶ 人間の尊厳と自立

わが国における「人権の尊重」は、日本国憲法に明記されている

日本国憲法には、基本的人権の尊重（第 11 条）、個人の尊重（第 13 条）が明記されている。また、第 25 条において、基本的人権を日常生活の面で具体化した「生存権」が保障されている。わが国の社会福祉に関する法律は、日本国憲法に則って策定されている。

第 11 条	国民は、すべての**基本的人権**の享有を妨げられない。この憲法が国民に保障する**基本的人権**は、侵すことのできない永久の権利として、現在及び将来の国民に与えられる。
第 13 条	すべて国民は、**個人**として尊重される。生命、自由及び幸福追求に対する国民の権利については、**公共の福祉**に反しない限り、立法その他の国政の上で、最大の**尊重**を必要とする。
第 25 条 第 1 項	すべて国民は、**健康で文化的**な最低限度の生活を営む権利を有する。

人権の思想は、18 世紀のアメリカ独立宣言（1776 年）やフランス革命における人権宣言（1789 年）に明記されました。20 世紀に入ると人権の具体化のために社会権がうたわれ、ドイツのワイマール憲法（1919 年）において生存権が明記されました。

 社会福祉に関する法律には、基本理念や目的として「生存権」が明記されている。

わが国の社会福祉に関する法律は日本国憲法に則って策定されており、それぞれにおいて「尊厳の保持」が明記されている

社会福祉に関する法律は**日本国憲法**に則って策定されており、基本理念や目的として、「**尊厳の保持**」が明記されている。

社会福祉法：福祉サービスは、**個人の尊厳の保持**を旨とすることが明記されている（第3条 福祉サービスの基本的理念）

障害者基本法：全ての国民が障害の有無にかかわらずに**基本的人権**を享有する個人として**尊重**されるものであるとの理念が明記されている（第1条 目的）

障害者差別解消法：**個人の尊厳**にふさわしい生活を保障される権利を有することを明記している（第1条 目的）

介護保険法：加齢によって要介護状態となり、介護や医療を必要とする者の**尊厳の保持**が明記されている（第1条 目的）

社会福祉法第3条（基本的理念）では、「個人の尊厳の保持」とともに、「**能力**に応じ**自立**した日常生活を営むことができるように支援する」ものであることも規定しています。

× 社会福祉に関する法律には、基本理念や目的として「尊厳の保持」が明記されている。「生存権」は、日本国憲法に明記されている。

わが国では、<u>ノーマライゼーションの理念に基づき、障害者の自立と社会参加の促進に取り組んでいる</u>

厚生労働省が提唱するノーマライゼーションは、「障害のある人が障害のない人と**同等**に生活し、共にいきいきと活動できる社会を目指す」という理念である。**バリアフリー**、**ユニバーサルデザイン**は、ノーマライゼーションの概念の一部であり、ノーマライゼーションの理念を具現化する手段である。

<u>QOL（Quality of Life）は、「生活の質」を示す概念である</u>

QOL（**生活の質**）は一般に広く用いられる概念だが、介護においては、**ICF**（国際生活機能分類）の「生活機能モデル」などを用いて利用者の全体像を把握することが大切である。

QOL は、WHO（世界保健機関）がつくった尺度である「WHOQOL-100」で測定することができます。

 自立生活運動（IL 運動）は、障害者の ADL 動作の自立を当事者が主張した。

自立生活運動（IL 運動）は、従来の障害者援助のあり方を批判し、障害者の自己決定権を主張した

自立生活運動（Independent Living Movement）は、1960年代に、アメリカの障害のある大学生が始めた運動で、ＡＤＬ（日常生活動作）の自立重視や専門的援助者の障害者援助のあり方を批判し、障害者の自己決定権を主張した。ノーマライゼーション思想とともに広まり、わが国でも展開されている。

ソーシャルインクルージョンとは、すべての人を社会の構成員として包み込み、共に支えあうという理念である

ソーシャルインクルージョンの理念とは、障害のある人も障害のない人も、すべての人々を孤独や孤立、排除や摩擦から守り、同じ社会の構成員として包み込み、健康で文化的な生活の実現につなげられるよう、ともに支えあう社会を目指すことである。

 × 自立生活運動（IL 運動）は、障害当事者の自己決定権を主張したものである。

糸賀一雄は『この子らを世の光に』を著し、知的障害児施設「近江学園」を設立した

糸賀一雄は、『この子らを世の光に』の中で、生まれながらにしてもっている人格発達の権利を徹底的に保障せねばならないと訴え、人間の**発達する権利**とその保障を目指す**発達保障**について主張した。また、知的障害児を療育する施設として「近江学園」を設立した。

わが国の福祉サービスは、措置制度から契約制度へと大きく転換した

福祉行政は、戦後長らく**措置制度**として行われ、利用者の権利は十分尊重されていなかった。その後、個人が**尊厳**をもって自立した生活が送れるよう支えるという社会福祉の理念のもと、**対等**な関係に基づく**契約制度**へと転換が図られた。

措置制度	契約制度
行政が行政処分によりサービス内容を決定する（利用者には**自己決定権**がない）	利用者が事業者と契約を結び、**対等**な関係に基づきサービスを選択する

 糸賀一雄は、『この子らに世の光を』を著し、知的障害児施設「近江学園」を設立した。

check!

日常生活自立支援事業の実施主体は、都道府県社会福祉協議会または指定都市社会福祉協議会である

日常生活自立支援事業は、社会福祉法に基づく福祉サービス利用援助事業として位置づけられている。

窓口業務などは**市区町村社会福祉協議会**に委託することができる。

日常生活自立支援事業の対象は、認知症、知的障害、精神障害などがあることによって、判断能力が十分でないため、適切な福祉サービスを受けることができないが、事業の**契約内容**については判断できる程度の者となっている。

●日常生活自立支援事業の主な支援内容

生活支援	・介護保険サービス事業者と契約締結の援助 ・要介護認定に関する申請手続の援助
行政手続	・行政手続の代行
日常的金銭管理	・通帳や印鑑等の預かり ・預金の引き出し ・公共料金、福祉サービス利用料、家賃の支払い
書類等の預かり	・大切な書類の保管

 × 糸賀一雄は、『この子らを世の光に』を著し、知的障害児施設「近江学園」を設立した。

日常生活自立支援事業を実施する専門職には、専門員と生活支援員がある

日常生活自立支援事業において、**専門員**は、支援計画の作成や契約の締結に関する業務を担当し、**生活支援員**は、支援計画に基づいて実際の支援を行う業務を担当する。**専門員**は原則常勤、**生活支援員**は非常勤となっている。

日常生活自立支援事業では、苦情解決のため、運営適正化委員会を設置する

運営適正化委員会は、①「福祉サービス利用援助事業」の適正な運営と、②福祉サービスの利用者からの福祉サービスに関する苦情解決（相談・助言など）のために、**都道府県社会福祉協議会**または**指定都市社会福祉協議会**に設置されている。

Q 法定後見制度には、後見、保佐、補助の3類型があり、本人の経済力に応じて決定される。

成年後見制度には、任意後見制度と法定後見制度がある

任意後見制度は、現在は判断能力が十分である人が、将来判断能力が不十分になった場合に備えて、あらかじめ任意後見人を選定し、契約しておく（**任意後見契約**）制度である。
法定後見制度は、現に判断能力が低下している人のための民法に規定された制度であり、**親族**や**市町村長**などの申し立てにより、**家庭裁判所**が後見人を選定する。

法定後見制度には、後見、保佐、補助の3類型がある

法定後見制度には、**後見、保佐、補助**の3類型があり、本人の判断能力に応じて決定される。

◎**後見**：判断能力を喪失しているもの
◎**保佐**：判断能力が著しく不十分なもの
◎**補助**：判断能力が不十分なもの

 × 後見、保佐、補助の3類型は、本人の判断能力に応じて決定される。

check!

法定後見は、家庭裁判所が後見開始の審判をし、後見人を選任する

法定後見は、親族や市町村長などの申し立てにより、**家庭裁判所**が後見開始の審判をし、**後見人**、**保佐人**、**補助人**を選任する。

後見人	すべての法律行為に関する代理権・取消権を有する
保佐人	民法の特定行為に関する同意権・取消権、家庭裁判所の審判を受けた法律行為に関する代理権を有する
補助人	家庭裁判所の審判を受けた法律行為に関する同意権・取消権・代理権を有する

check!

任意後見制度は、あらかじめ任意後見人を選定して契約しておく制度である

任意後見制度において、依頼する本人を**委任者**、引き受ける方を**任意後見受任者**（後に、**任意後見人**）という。

 公正証書によらない任意後見契約は、無効となる。

任意後見の契約は、公正証書によって締結しなければならない

任意後見受任者の選定、任意後見契約の内容（身上監護、財産管理など）が決まったら、本人（委任者）と任意後見受任者の双方が、本人の住居の最寄りの公証役場に赴き、**公正証書**を作成する。

任意後見契約を締結するには、任意後見契約に関する法律により、**公正証書**でしなければならず、**公正証書**によらない任意後見契約は無効となります。

任意後見契約の発効に関する申し立ては、本人、配偶者、4親等内の親族などが行う

本人、配偶者、4親等内の親族などが家庭裁判所に申し立て、任意後見契約の発効時に家庭裁判所が**任意後見監督人**を選任したうえで、任意後見人予定者（任意後見受任者）が**任意後見人**として認められる。**任意後見監督人**は、**任意後見人**の不正や権限の濫用を防ぐため、**任意後見人**を監督する。

 ○ 任意後見契約の締結は公正証書でしなければならず、公正証書によらない任意後見契約は無効となる。

check!

高齢者虐待防止法* では、高齢者虐待として、身体的虐待、心理的虐待、介護等放棄、性的虐待、経済的虐待の５つを規定している

高齢者虐待防止法* では、高齢者虐待を次の５つに分けている。

種類	定義	具体的な行為
身体的虐待	身体に外傷が生じる暴行（外傷が生じるおそれがあるものも含む）を加えること	殴る、蹴る、縛る、叩く、揺さぶる、つねるなど
心理的虐待	暴言や拒絶的な対応など著しい心理的外傷を与える言動を行うこと	どなる、悪口を言う、命令する、脅迫する、無視するなど
介護等放棄	衰弱させるような著しい減食、長時間の放置、養護者以外による虐待行為の放置など養護を怠ること（ネグレクト）	適切な食事を与えない、不衛生な環境に置く、入浴させないなど
性的虐待	わいせつな行為をすることやさせること	裸にする、性的行為を強要する、わいせつな言葉を言うなど
経済的虐待	財産の不当な処分などによって、高齢者から不当に財産上の利益を得ること	年金等を渡さない、承諾なく財産や預貯金を使うなど

＊高齢者虐待の防止、高齢者の養護者に対する支援等に関する法律

養護者（家族など）による虐待では「身体的虐待」が最も多く、次いで「心理的虐待」「介護等放棄」の順となっていますが、複数が同時に行われている場合も多いです。

（令和４年度「高齢者虐待の防止・高齢者の養護者に対する支援等に関する法律」に基づく対応状況等に関する調査結果より）

 高齢者虐待防止法で、高齢者虐待としてネグレクトは含まれていない。

高齢者虐待防止法では、虐待者を養護者と養介護施設従事者等に区分している

養護者とは、高齢者の世話をしている家族、親族、同居人等を指す。養介護施設従事者等とは、養介護施設または養介護事業等の業務に従事する者を指す。また、高齢者虐待防止法が対象とする「高齢者」とは65歳以上の者で、介護を要しない者も含まれる。

養護者による虐待により生命や身体に重大な危険が生じている高齢者を発見した者は、速やかに市町村に通報する義務がある

高齢者虐待防止法により、養護者による虐待を受けたと思われる高齢者を発見した者は、高齢者の生命や身体に重大な危険が生じている場合、速やかに市町村に通報しなければならない。また、養護者による虐待が疑われる場合、速やかに市町村に通報するよう努めなければならない。

× 高齢者虐待防止法では、高齢者虐待として、①身体的虐待、②心理的虐待、③介護等放棄（ネグレクト）、④性的虐待、⑤経済的虐待の5つが規定されている。

障害者差別解消法は、障害者に対する「不当な差別的取扱い」を禁止し、「合理的配慮」を行うことを義務づけている

障害者差別解消法（障害を理由とする差別の解消の推進に関する法律）は、2016（平成28）年に施行された。

対象	不当な差別的取扱い	合理的配慮
国の行政機関・地方公共団体等	禁止	義務
民間事業者（非営利事業者を含む）	禁止	努力義務→義務 *

*2021（令和3）年5月に成立した改正法により、努力義務から義務となった。改正法は、2024（令和6）年4月に施行された。

◎不当な差別的取扱い：**正当な理由**なく、障害者を障害者でない者より不利に扱うこと

〈具体例〉
- サービスの提供を**拒否**したり、条件をつけたりする
- 募集や採用にあたって、募集の対象から排除したり**不利**な条件を付す
- 賃金、配置、昇進、降格、教育訓練などの項目で**不利**な条件を付す

◎合理的配慮：生活に支障が生じないように、一人ひとりの**障害特性**にあわせて行われる個別的な配慮や支援のこと

〈具体例〉
- **物理的環境への配慮**（車いす利用者のために段差に携帯スロープを設置する、高い所に陳列された商品を取って渡すなど）
- **意思疎通への配慮**（筆談、読み上げ、手話などによるコミュニケーション、わかりやすい表現を使って説明をするなど）
- **ルールの柔軟な変更**（障害の特性に応じた休憩時間の調整など）

 おむつを外すことなどを防ぐため利用者に介護衣（つなぎ服）を着せることは、身体拘束・行動制限には該当しない。

利用者に対する身体拘束・行動制限は、原則として禁止されている

●介護保険施設の指定基準で禁止されている身体拘束となる行為

① 徘徊防止のため車いすやいす、ベッドなどに縛りつける
② 転落防止のためベッドに縛りつける
③ 自分で降りられないようベッドを柵で囲む
④ チューブを抜かないよう四肢を縛る
⑤ 皮膚を掻くことなどを抑えるためミトン型の手袋などをさせる
⑥ 車いすなどからずれたりしないようY字帯などをつける
⑦ 立ち上がりを妨げるようないすを使用する
⑧ おむつ外しなどを制限するため介護衣（つなぎ服）を着せる
⑨ 他人への迷惑行為を防ぐためベッドなどに縛りつける
⑩ 落ち着かせるため向精神薬を過剰に服用させる
⑪ 自分の意思で開けられない居室などに隔離する

障害者虐待防止法では、虐待者を、養護者、障害者福祉施設従事者等、使用者に分けている

障害者虐待防止法（障害者虐待の防止、障害者の養護者に対する支援等に関する法律）では、障害者虐待を、①**養護者**によるもの、②**障害者福祉施設従事者等**によるもの、③障害者を雇用する**使用者**によるものに分けて規定している。

 × おむつを外すことなどを防ぐため利用者に介護衣（つなぎ服）を着せることは、身体拘束・行動制限に該当する。

21

障害者虐待防止法では、障害者虐待を5種類に分類している

種　類	定　義
身体的虐待	身体に外傷が生じる（外傷が生じるおそれのあるものを含む）暴行を加えることや、正当な理由なく身体を拘束すること
性的虐待	わいせつな行為をすることや、わいせつな行為をさせること
心理的虐待	著しい暴言や拒絶的な対応など、著しい心理的外傷を与える言動を行うこと
介護等放棄	著しい減食、長時間の放置、養護者以外の同居人による虐待行為の放置など、養護を著しく怠ること（ネグレクト）
経済的虐待	障害者の財産を不当に処分することなど、障害者から不当に財産上の利益を得ること

アドボカシーとは、利用者の権利を守り、利用者の立場に立って代弁することである

アドボカシーは、一般に**代弁**または**権利擁護**などと訳されるもので、自分の権利を主張し行使することが困難な人（高齢者、障害者、児童など）のもつ**権利**が侵害されないように、本人に代わって援助者が代弁することによって側面的に支援することをいう。

領域Ⅰ：人間と社会

2 人間関係とコミュニケーション

check!

利用者と援助者の間で形成された信頼感（信頼関係）を、ラポールという

援助者は利用者を**理解**しようとし、その心情に寄り添うことが必要である。**ラポール**の形成は対人援助において人間関係の土台であり、そうすることで利用者が真に必要としている支援が可能になる。

覚えよう

コミュニケーションは、信頼関係（ラポール）のもととなります。

check!

自己覚知の基本は、自己の感情の動きとその背景を洞察することである

自己覚知とは、自分自身のものの考え方や価値観について自ら**理解**して**自覚**することである。そこに至るためには己の感情の動きとその**背景**を洞察することが大切であり、そのプロセスは介護の場面において利用者の考え方や価値観を理解することにもつながる。

 自己開示で伝える情報には、考えや気持ちも含まれる。

check!

自己開示は、他者（相手）との信頼関係を形成するために行う

自己開示は、自分自身の情報（考えや気持ちも含む）を他者（相手）に伝えることをいい、介護場面では利用者との信頼関係を形成するために行われる。自分をよく見せるための「自己顕示」とは異なり、ありのままを語ることによって親密性が高まったり、コミュニケーションが活性化したりする。

check!

共感的理解とは、相手の立場や思いを自分のこととして感じ取り、理解することである

共感的理解とは、援助者が利用者の立場に立ってその感情を理解することであり、利用者は、援助者が共感的理解を示すことで「自分の気持ちをわかってくれた」と感じ、両者間にラポールが形成されていく。ただし、利用者を全体的に理解するためには、共感的理解と、客観的な事実からみた客観的理解の両方の視点が必要である。

A ○ 自己開示で伝える情報は、自分自身のプロフィールにとどまらず、考えや気持ちも含む。

コミュニケーションの基本は、受容と傾聴である

利用者とのコミュニケーションの基本は、**受容**と**傾聴**である。受容とは、相手の認知する世界をありのまま**受け入れる**ことであり、傾聴とは、相手の認知する世界をよく理解するために、相手の発言に心を込めて**耳を傾ける**ことである。これらを行うことは、利用者が介護福祉職を**信頼**することにつながる。

目線を相手と同じ高さにして話すことは、対面時のコミュニケーションの基本である

車いすの人や臥床している人などと話をするときは、援助者はしゃがむなどして目線を利用者と**同じ**高さにすると、利用者は安心して話を聞くことができ、共感を得られることが多い。ただし、相手のことを見つめすぎると**圧迫感**や**威圧感**を与えてしまうこともあるため、注意が必要である。

 自分の思いや考えを語ってもらう場合には、クローズド・クエスチョンを活用する。

自分の思いや考えを語ってもらう場合には、オープン・クエスチョンを活用する

答えが「はい」「いいえ」で終わってしまうような質問（**クローズド・クエスチョン**）では、利用者は自分の思いを十分に伝えることができない。一般的には、「はい」「いいえ」で終わらない質問（**オープン・クエスチョン**）を投げかけることにより、利用者に多くを語らせるように心がける。

アサーションとは、相手の意見を尊重しつつ自分の意見を率直に伝えるコミュニケーション技法である

自分も相手も大切にしながら互いを**尊重**しあうコミュニケーション技法を**アサーション**という。多職種間の適切なコミュニケーションを促進したり、利用者との良好な関係を構築するのに有効である。

相手の意見に耳を傾けながら自分の意見もしっかり伝えられるようになるための訓練を、**アサーショントレーニング**といいます。

× 自分の思いや考えを語ってもらう場合には、答えが「はい」「いいえ」で終わってしまうクローズド・クエスチョンではなく、オープン・クエスチョンを活用する。

介護実践における<u>チームマネジメント</u>とは、介護の質を高め、よりよいケアを行うために、<u>チームメンバー全員で行う取り組み</u>である

チームマネジメントは、**目標**を設定し、**目標達成**のためにさまざまな資源を効率的に活用する仕組みを整えるはたらきであり、チームメンバー**全員**が役割と責任をもって、チームの力、サービスの質を高めるために行う幅広い取り組みである。**介護福祉士**は介護福祉職のリーダーとしてチームメンバーの中で重要な存在であり、責任をもって役割を果たすことが期待される。

業務改善や目標達成を実現するために、<u>PDCA サイクル</u>で考える

PDCA サイクルは、Plan（計画）、Do（実行）、Check（評価）、Action（改善）の頭文字を取ったものである。業務改善や目標達成に向けて、PDCA サイクルをまわすことで**改善策**や**業務改善**ができる。

 PDCA サイクルの Check（評価）には、課題を改善するための対応策が当てはまる。

ケアの展開は、チームマネジメントの出発点となる

チームでケアを展開するためには、**情報**の活用が重要であり、次の流れに沿って取り組むことで、より有効なものとなる。

①**情報**を**共有する**（情報共有の必要性を理解する、情報共有の場を活用する）
②**情報**を**統合**し、**方針**を**明確にする**（職種による視点の違いを理解する、方針を明確化して実践する）
③**評価や修正する機会をつくる**（サービス担当者会議やケアカンファレンス、申し送りなど）

チームはリーダーとフォロワーから構成され、リーダーにはリーダーシップ、フォロワーにはフォロワーシップが求められる

一般的に、チームはリーダーとフォロワー（メンバー）から構成され、**リーダーシップとフォロワーシップ**をバランスよく発揮することでチームの力を発揮することができる。**リーダーシップ**は、一般には指導力や統率力などを意味するが、介護においては、指示や命令といった上からの働きかけだけでなく、フォロワーを支え育てること、みずから率先して行動することなども求められる。**フォロワーシップ**は、単にリーダーの指示に従うのではなく、チームのために自発的に意見を述べて自律的に行動することを意味する。

 × PDCAサイクルのCheck（評価）は、計画を実行した結果を検証することである。

介護福祉職の人材育成における教育訓練は、主に OJT と Off-JT によって行われる

介護福祉職の教育訓練は、主に OJT（On The Job Training：職務を通じた教育訓練）と Off-JT（Off The Job Training：職務を離れた教育訓練）によって行われる。

	長所	短所
OJT	・学びと仕事のずれが小さい ・即戦力を育てられる ・特別な費用がかからない	・体系的・網羅的に学べない ・指導者によって内容にばらつきが生じる ・指導者の負担が大きい
Off-JT	・体系的・網羅的に学べる ・一斉に、集中して行える ・通信教育や e-ラーニングでも行える	・テキストなど費用がかかる ・そのためだけの時間がとりにくい ・実践とのずれが生じやすい

組織には、①経営・管理部門、②中間管理部門、③現場部門があり、質の高い介護サービスは、組織的に支えられている

法人（組織）は、大きく①経営・管理部門、②中間管理部門、③現場部門の３つの階層に分かれ、それぞれ指揮命令系統でつながっている。また、法人は職員を、職種と職位の２つのカテゴリーで管理している。

◎職種：専門分野の種類による分け方
　（介護福祉職、介護職、相談員、事務職など）
◎職位：地位による分け方
　（施設長、介護主任など。職位の高い人は役職者といわれる）

❸ 社会の理解

わが国は、高齢化率が３割に迫る超高齢社会であり、前期高齢者より後期高齢者の占める割合が高い

わが国の高齢化率（総人口に占める 65 歳以上人口の割合）は、29.2％である。後期高齢者（75 歳以上）が総人口に占める割合は 16.3％で、前期高齢者（65 ～ 74 歳）の 12.9％を上回っている。

（総務省統計局「人口推計」2024 年 1 月 1 日現在（概算値））

高齢者世帯のうち「三世代世帯」は減少し、「単独世帯」などは増加傾向にある

近年、世帯のあり方が変化して多様化し、65 歳以上の者のいる世帯（高齢者世帯）のうち、三世代世帯は大きく減少した。一方、単独世帯、夫婦のみの世帯は増加傾向にある。

世帯とは、「住まいと生計を同じくする人達の集まり、または一戸を構えて住んでいるか自分だけで生計を営んでいる単身者」のことをいいます。他人であっても住まいと生計が同じであれば同じ世帯となり、住まいが同じであっても生計が別であれば別の世帯となります。

 わが国は、高齢化率が 29％を超える高齢化社会である。

check!

家族の機能には、生命維持機能、生活維持機能、ケア機能の3つがある

家族の機能には、食欲、性欲、安全の欲求を満たす**生命維持機能**、経済的に支え合う**生活維持機能**、高齢者や乳幼児、障害者などに対する**ケア機能**がある。

check!

家族は、規模や構成によって分類される

生殖家族（創設家族）	自分が結婚してつくる家族
定位家族（出生家族）	自分が生まれ育った家族
核家族	1組の夫婦とその子どもだけの家族
拡大家族	核家族に親やきょうだいなどそれより上の世代も含む家族
修正拡大家族	非同居だが子世代の核家族と親世代が頻繁に行き来し、相互援助の関係にある家族
直系家族	子のうちの1人が親と同居し、財産を相続
複合家族	複数の子どもの家族（核家族）が親と同居

3

社会の理解

① 生活と福祉

 × 高齢化率が7%を超えた社会を高齢化社会、14%を超えた社会を高齢社会、21%を超えた社会を超高齢社会という。わが国では2007年から超高齢社会になっている。

親族とは、6 親等内の血族、配偶者、3 親等内の姻族をいう

親族とは、民法上、6 親等内の**血族**（親子、きょうだい、おじ、おばなどの血のつながりのある者）、**配偶者**（結婚相手である妻や夫）、3 親等内の**姻族**（結婚によってできる義父母、義きょうだいなど）をいう。

人生は、ライフスタイル、ライフサイクルなどの視点からとらえることができる

人生は、**ライフスタイル**、**ライフサイクル**、ライフコースなどの視点からとらえることができる。

ライフスタイル	その人の考え方や価値観、文化的・社会的な背景などによってでき上がるその人らしい**生活様式**（生き方）
ライフサイクル	家族の発達の過程を段階的な**ライフステージ**（新婚期、育児期、教育期、子の独立期、子の独立後など）として**周期的**にとらえたもの
ライフコース	ライフサイクルのような**標準的**なパターンではなく、**各個人**がそれぞれの人生をどのように歩むかという道筋のこと。特定の人の人生の歴史に焦点を当てたもの

Q セルフヘルプグループとは、ボランティア団体のことである。

同様の困難をもつ人同士が自発的なつながりで結びついた集団をセルフヘルプグループという

セルフヘルプグループとは、生きていくうえで何らかの困難・問題・悩みなどを抱えた人同士が**相互**に援助し合うために**自発的**に結びついた集団で、具体的には、同じ病気や障害を抱える人たちの**患者会**、アルコール依存や薬物依存の自助グループ、家族を亡くした人たちの遺族会などがある。

生活課題は「自助・互助・共助・公助」の連携によって解決していくことが必要である

● 4つの助（自助・互助・共助・公助）

自助（個人）	自らの健康に注意を払う、貯金をするなど、自発的に自身の生活課題を解決する力
互助（近隣）	家族、友人、サークル活動仲間など、個人的なつながりをもつ人間同士が助け合い、それぞれが抱える生活課題をお互いが解決し合う力
共助（保険）	制度化された相互扶助のこと。社会保険制度など被保険者による相互の負担で成り立つ
公助（行政）	自助・互助・共助では対応できないこと（困窮など）に対して必要な生活保障を行う社会福祉制度のこと。公による負担（税による負担）で成り立つ

 × セルフヘルプグループとは、同じ課題・悩みなどを抱えた人が自発的に結びついた集団のことで、患者会、自助グループ、遺族会などのことをいう。

② 社会保障制度の発展

check!

昭和 20 年代に福祉三法が制定され、社会保障制度の骨組みができた

福祉三法は、第二次世界大戦終戦直後の**生活困窮者**を救済するため昭和 20 年代に制定された次の3つを指す。

法令	制定年	制定の目的
①児童福祉法	1947（昭和 22）年	戦争により家や家族を失った子どもの救済
②身体障害者福祉法	1949（昭和 24）年	けがや病気による生活困難者の救済
③現行生活保護法＊	1950（昭和 25）年	戦争などによる生活困難者の救済

＊ 1946（昭和 21）年に旧生活保護法が制定されているが、現行生活保護法とは内容が大きく異なるものである

check!

昭和 30 年代に新たな福祉関連の三法が制定され、現在の福祉六法体制が整えられた

福祉六法体制は、高度成長期を迎える中で**社会的弱者**が時代に取り残され困窮するといった状況を背景として、次の3つを加えて昭和 30 年代に確立した。

法令	制定年	制定の目的
④知的障害者福祉法＊	1960（昭和 35）年	18 歳以上の知的障害者を支援する法律がなかったため（18 歳未満は児童福祉法で対応していた）
⑤老人福祉法	1963（昭和 38）年	核家族化などによる家庭内の互助機能の低下によって発生した高齢者問題に対応するため
⑥母子及び父子並びに寡婦福祉法＊＊	1964（昭和 39）年	離婚や死別などにより母子で暮らす母子家庭や、死別により寡婦となった女性を支援するため

＊制定時の名称は「精神薄弱者福祉法」。その後、「精神薄弱」という表現を「知的障害」に改める法律により、1998（平成 10）年に改称された
＊＊制定時の名称は「母子福祉法」。1981（昭和 56）年に「母子及び寡婦福祉法」に改称され、その後、「父子家庭」も対象となり、2014（平成 26）年に「母子及び父子並びに寡婦福祉法」と改称された

 昭和 20 年代に成立した児童福祉法、生活保護法、老人福祉法の3つを福祉三法という。

check!

ゴールドプランを推進するため、1990（平成2）年に福祉関係八法改正が行われた

1989（平成元）年に策定されたゴールドプラン（今後10年間の高齢者施策の数値目標を掲げたプラン）を推進するため、1990（平成2）年に**老人福祉法**を中心として次の法律の改正を行ったことを、**福祉関係八法改正**という。

児童福祉法、身体障害者福祉法、精神薄弱者福祉法（現：知的障害者福祉法）、老人福祉法、母子及び寡婦福祉法（現：母子及び父子並びに寡婦福祉法）、社会福祉事業法（現：社会福祉法）、老人保健法（現：高齢者の医療の確保に関する法律）、社会福祉・医療事業団法＊

＊社会福祉・医療事業団法は廃止され、現在では「独立行政法人福祉医療機構法」がその役割を担っている

check!

福祉関係八法改正は、日本の福祉行政の大きな転換点となった

福祉関係八法改正によって、老人福祉法では**老人福祉計画**の策定が義務づけられ、老人保健法では**老人保健計画**の策定が義務づけられた。また、特別養護老人ホームなど入所にかかわる措置権限が**都道府県**から**市町村**へ移譲された＊（老人福祉法、身体障害者福祉法）。社会福祉事業法（現：社会福祉法）では、居宅支援サービス（デイサービスなど）を**第二種社会福祉事業**に追加した。

＊その後、社会福祉法改正に伴い、知的障害者に対する措置権限も市町村に移譲されている

 ✕ 福祉三法とは、戦後の昭和20年代に成立した、児童福祉法、身体障害者福祉法、（現行）生活保護法の3つをいう。

check!

すべての国民を対象とした国民皆保険・国民皆年金体制は、1961（昭和36）年に確立された

国民皆保険は、1958（昭和33）年の**国民健康保険法改正**に伴い1961（昭和36）年に実現されたもので、すべての国民が何らかの**公的医療保険**に加入できるようになった。国民皆年金は、1959（昭和34）年の**国民年金法成立**によって実現したもので、すべての国民が何らかの**年金制度**に加入できるようになった。

check!

特別養護老人ホームは、創設時には「生活の場」ではなく「収容の場」と位置づけられていた

1963（昭和38）年に創設された**特別養護老人ホーム**は、創設時には、身体上または精神上の著しい欠陥があるために常時の介護を必要とする65歳以上の者を**措置**として入所させる「収容の場」であった。

Q わが国の社会保障制度における給付は、現金給付のみである。

check!

わが国の社会保障制度は、社会保険、社会福祉、公的扶助、保健医療・公衆衛生の4つからなっている

わが国の社会保障制度は、**社会保険**、**社会福祉**、**公的扶助**、**保健医療・公衆衛生**の4つの柱からなり、国民の生活を生涯にわたって支えている。

種類		制度の内容
社会保険	年金保険、医療保険、介護保険、雇用保険、労働者災害補償保険	保険事故（給付の対象となるできごと）に遭遇した場合に一定の給付を行う
社会福祉	高齢者福祉、障害者福祉、児童福祉、母子・父子・寡婦福祉、社会手当*	高齢者、障害者、生活困窮者などが安心して社会生活を営めるよう支援する
公的扶助	生活保護	生活保護法に基づき、生活困窮者に必要な保護を行い、自立を助ける
保健医療・公衆衛生	健康診断、予防接種、母子保健、公害対策、犬・猫などの保護・管理など	医療や公衆衛生の観点から、国民の健康維持・向上、疾病予防を図る

＊児童手当、児童扶養手当、特別児童扶養手当、特別障害者手当、障害児福祉手当

check!

社会保障制度による給付には、現物給付と現金給付の2つがある

社会保障制度に基づいて行われる給付には、**現物給付**と**現金給付**の2つがある。

	現物給付	現金給付
給付されるもの	物品、各種サービス	現金（金銭）
対象となる制度（例）	**医療保険**、**介護保険**、生活保護（**介護扶助**、**医療扶助**）	**年金保険**、生活保護（生活扶助、教育扶助、住宅扶助、出産扶助、生業扶助、葬祭扶助）

 × わが国の社会保障制度における給付は、現物給付と現金給付の2つである。

check!

社会保障には、救貧機能、防貧機能などの機能がある

◎**救貧**機能：貧困状態から脱却できるようにする機能
◎**防貧**機能：貧困になることを予防する機能
◎社会的平等化機能：**垂直**的所得再分配、**水平**的所得再分配
◎経済的安定化機能：**失業保険**で機能し、消費水準の低下を
　緩和して景気変動の振幅を小さくする機能

check!

社会保険は被保険者が支払う保険料を原資とし、防貧機能をもつ

社会保険は、被保険者が支払う**保険料**を原資として**保険事故**に備えるもので、**防貧**機能をもつ。原則として強制加入で、被保険者資格を満たした場合には自動的に加入することになる。

check!

公的扶助は、租税（税金）を原資とし、救貧機能をもつ

公的扶助は、**租税**（税金）を原資として貧困者の経済的な**生活支援**と**自立**支援のために給付されるもので、**救貧**機能をもつ。具体的な制度として**生活保護**があり、セーフティーネットの役割を果たしている。

 社会保険は救貧機能を持ち、公的扶助は防貧機能をもつ。

わが国の公的年金は、国民年金の上に厚生年金が乗る 2 層構造になっている

わが国の公的年金制度は、**国民年金**（基礎年金）の上に**厚生年金**が乗る 2 層構造である。

被保険者の種類	対象となる人	加入年金
第 1 号被保険者	・国内に住所のある 20 歳以上 60 歳未満のすべての者 ・自営業者、農林漁業者、学生、無職者など	国民年金のみ
第 2 号被保険者	会社員、公務員など、**厚生年金・共済**の加入者	国民年金＋厚生年金
第 3 号被保険者	第 2 号被保険者に扶養されている配偶者	国民年金のみ

国民健康保険の保険者は都道府県と市町村で、保険料は市町村ごとに条例で定める

国民健康保険は、**都道府県**と**市町村**が共同保険者で、保険料は市町村ごとの実情に応じて条例で定めることになっている。また、保険料の納付義務は**世帯主**にある。

75 歳以上の者* は、**後期高齢者医療制度**に移行します。運営主体は後期高齢者医療広域連合で、すべての**市町村**が都道府県を単位として加入しています。

＊ 65 歳以上 75 歳未満で広域連合が認めた者も含む

3

社会の理解

③ 社会保障制度のしくみ

 ×　社会保険は防貧機能をもち、公的扶助は救貧機能をもつ。

わが国の障害者の総数は約1160万人で、全人口の約9.2%を占めている

わが国の障害者の総数は、約1160万人と推計されている。

●在宅・施設（入院）別にみた障害者数●

	在宅	施設・入院	小計
身体障害者・児	428万7千人	7万3千人	436万0千人
知的障害者・児	96万2千人	13万2千人	109万4千人
精神障害者	586万1千人	28万8千人	614万8千人

令和5年版『障害者白書』「障害者の状況」より

同居家族が介護を担う場合、主な介護者は要介護者の「配偶者」が最も多い

主な介護者は要介護者の同居家族が45.9%で最も多い。その内訳では要介護者の**配偶者**が22.9%で最も多く、次いで**子**（16.2%）、子の配偶者（5.4%）となっている。

（2022（令和4）年国民生活基礎調査）

 介護保険法では、社会保険方式がとられている。

介護保険は、市町村及び特別区を保険者とする社会保険である

介護保険は**社会保険方式**がとられており、保険者は、利用者にとって身近な**市町村及び特別区**とされている。保険者は、保険運営の責任主体として**被保険者**を把握・管理し、**保険料**を徴収し、保険事故（要支援状態・要介護状態になること）が発生した場合には、被保険者に対して**保険給付**を行う。

介護保険の運営に係る費用は、**保険料**、国や地方公共団体からの**負担金**等で賄われます。

被保険者の少ない市町村は、広域連合等を組織して介護保険事業を行うことができる

被保険者の少ない市町村は、**広域連合**または**一部事務組合**をつくり、広域で介護保険事業を行うことができる。また、市町村と広域連合等が**分担**して事務を行うこともできる。

介護保険事業を広域で行うことには、保険財政の**安定化**、事務の効率化、近隣市町村間で生じる保険料の**不均衡**の解消、サービス基盤の広域化などのメリットがあります。

 ○　介護保険法では社会保険方式がとられ、利用者本位のサービス提供が行われる。

check!

介護保険の被保険者には、第1号被保険者と第2号被保険者がある

◎第1号被保険者 ⇒ 市町村の区域内に**住所**がある65歳以上の者
◎第2号被保険者 ⇒ 市町村の区域内に**住所**がある40歳以上65歳未満の者で**医療保険**に加入している者

覚えよう

第2号被保険者は、介護保険法に規定された**特定疾病**（16種類）により要支援・要介護状態になった場合に限り、保険給付の対象となります。

check!

保険料の徴収方法は、第1号被保険者と第2号被保険者で異なる

第1号被保険者の保険料は、**特別**徴収または**普通**徴収される。

特別徴収*	**年金**から天引きして**市町村**に納付する方法
普通徴収	直接、**市町村**に納付する方法

＊原則として年額18万円以上の公的年金を受給している場合

第2号被保険者の保険料は、加入している**医療保険者**が医療保険料と一体的に徴収する。

 Q 介護保険の第1号被保険者の保険料は、医療保険料と一体的に徴収される。

介護保険の給付には、「介護給付」「予防給付」「市町村特別給付」がある

介護保険給付には、**介護給付**、**予防給付**、**市町村特別給付**がある。**介護給付**は、要介護認定された被保険者に対する給付である。**予防給付**は、要介護状態になるおそれがあると認定（要支援認定）された被保険者に対して、**予防**を目的に給付される。**市町村特別給付**は、保険者である**市町村**がそれぞれ独自に行う給付である。

介護給付と予防給付は、保険料と公費で1/2ずつ負担する

介護保険給付のうち、介護給付と予防給付の財源は、50%を被保険者からの保険料でまかなう。

●公費の内訳
◎**居宅給付** 国25%（20%が定率負担、5%が調整交付金）、都道府県12.5%、市町村12.5%
◎**施設等給付** 国20%（15%が定率負担、5%が調整交付金）、都道府県17.5%、市町村12.5%

3
社会の理解

⑤介護保険制度

 × 医療保険料と一体的に徴収されるのは、第2号被保険者の保険料である。第1号被保険者の保険料は、特別徴収（年金からの天引き）または普通徴収（直接納付）である。

check!

要介護状態区分は要介護1〜5、要支援状態区分は要支援1〜2に区分される

要介護者は、居宅サービス、地域密着型サービス、施設サービスを利用できる。要支援者は、介護予防サービスや地域密着型介護予防サービスを利用できるが、施設サービスは利用できない。

check!

要介護認定の申請手続きは、事業者が代行できる

要介護認定を受けるためには市町村に申請をする必要がある。被保険者（本人）が行えない場合は、家族のほか、地域包括支援センター、省令に定められた指定居宅介護支援事業者や介護保険施設が申請できる（代行申請）。

check!

要介護・要支援認定は、要介護認定基準に基づき判定される

被保険者から認定申請があると、保険者は全国一律の要介護認定基準に基づいて、要介護・要支援認定を行う。認定の効力は申請のあった日に遡り、認定申請時から利用していたサービスも保険給付の対象となる。

 要介護認定を受けるには、本人または家族が市町村に申請をしなければならない。

要介護認定の有効期間は、市町村が必要と認める場合、短縮や延長ができる

要介護認定の有効期間は**原則の認定有効期間**が定められているが、介護認定審査会の意見に基づき**市町村**が必要と認める場合は、一定の範囲内で**短縮**や**延長**ができる。

●要介護認定等の有効期間

申請区分等	原則の認定有効期間	設定可能な認定有効期間
新規申請	6か月	3〜12か月
区分変更申請	6か月	3〜12か月
更新申請	12か月	3〜48*か月

＊ 2021（令和3）年4月から、更新認定において、直前の要介護度と同じ要介護度となった者の有効期間の上限が、36か月から48か月に延長された

介護認定審査・判定は、介護認定審査会で行う

要介護認定プロセス

市町村に申請 → 認定調査 → 一次判定 → 二次判定（基本調査等を用いたコンピュータ判定をもとに、認定調査特記事項、主治医意見書を加味） → 二次判定（介護認定審査会で一次判定結果、介護の手間にかかる審査判定等をもとに意見を付す） → 市町村が認定

A　× 　要介護認定の申請手続きは、本人や家族のほか、地域包括支援センター、指定居宅介護支援事業者、介護保険施設が代行申請することができる。

介護認定に不服がある場合、被保険者は介護保険審査会に審査請求ができる

保険給付に関する処分（要介護・要支援認定に関するものを含む）について**不服**がある場合は、都道府県に設置されている**介護保険審査会**に審査請求（一般の行政処分の**不服申立て**）を行うことができる。

介護保険の利用者は、サービス費用の1割、2割または3割を負担する

介護保険の利用者負担割合は原則1割であるが、一定以上の所得のある者は2割、そのうち特に所得の高い者（現役並みの所得者）は3割を負担する。

介護保険の利用者負担割合は、2000（平成12）年の創設時には一律1割でしたが、2014（平成26）年と2017（平成29）年の2度の改正により、現在の負担割合となりました。

 介護認定に不服がある場合、被保険者は介護認定審査会に審査請求ができる。

介護保険サービスには、訪問系サービス、通所系サービス、入所系サービスがある

介護保険サービスの形態には、居宅等に訪問してサービスを行う**訪問系**サービス、居宅等からサービス事業所に通ってサービスを受ける**通所系**サービス、介護保険施設等に入所してサービスを受ける**入所系**サービスがある。

そのほか、居宅介護支援、住宅改修、福祉用具（貸与、販売）が保険給付対象となっている。

介護保険施設は、介護保険法に基づく公的な入居施設である

介護保険施設には、**介護老人福祉施設**、**介護老人保健施設**、**介護医療院**がある。

種類	入居の対象者
介護老人福祉施設*	常に介護を必要とする要介護者（原則として要介護３以上）
介護老人保健施設	病状が**安定期**にある要介護者
介護医療院	長期にわたり療養が必要な要介護者

＊老人福祉法上の名称は「特別養護老人ホーム」

3

社会の理解

❺

介護保険制度

 × 介護認定に不服がある場合、被保険者は介護保険審査会に審査請求ができる。

居宅介護支援事業者の指定権限は、市町村にある

居宅介護支援事業者の指定や指導監督等の事務は、**市町村**が行う。居宅介護支援の運営基準も、**市町村**が条例で定める。

指定居宅介護支援事業者の指定・指導監督の権限は、2018（平成30）年4月に、**都道府県から市町村へ移譲**されています。

指定居宅介護支援事業所の管理者は、主任介護支援専門員とされている

2017（平成29）年の改正により、指定居宅介護支援事業所の管理者は**主任介護支援専門員**とされた。2027（令和9）年3月末までは経過措置が設けられているが、2021（令和3）年4月1日以降に**新規開設**する場合や**管理者**が変更となる場合は、原則として主任介護支援専門員であることが求められる。

 介護医療院におけるⅠ型療養床では介護老人保健施設に相当するサービスが、Ⅱ型療養床では介護療養病床に相当するサービスが提供される。

check!

介護医療院は、医療と介護を一体的に提供する介護保険施設である

介護医療院は**医療**と**介護**を一体的に提供する介護保険施設で、対象となる利用者像によってⅠ型とⅡ型の２つの類型に分けられている。

類型	対象者	提供されるサービス
Ⅰ型療養床	重篤な**身体疾患**を有する者、**身体合併症**を有する認知症高齢者など	**介護療養病床**に相当するサービス
Ⅱ型療養床	比較的容態が**安定**している者	**介護老人保健施設**に相当するサービス

check!

共生型サービスは、介護保険と障害福祉にまたがるサービスである

共生型サービスは**介護保険法**、**障害者総合支援法**、**児童福祉法**にまたがるサービスで、介護保険と障害福祉のサービスを同一の事業所で一体的に提供することができる。

共生型サービスの導入により、介護保険または障害福祉のいずれかの**指定**を受けている事業所が、もう一方の制度の**指定**を受けやすくなりました。

3

社会の理解

❺ 介護保険制度

A × 介護医療院におけるⅠ型療養床では介護療養病床に相当するサービスが、Ⅱ型療養床では介護老人保健施設に相当するサービスが提供される。

介護保険の保険者は、介護保険に関する収入及び支出について、特別会計を設ける

介護保険の保険者は、介護保険における収入と支出に関して**介護保険特別会計**を設け、他の会計項目とは区別して管理しなければならない。ほかに、被保険者の**資格**管理、保険料徴収、要介護・要支援認定、保険給付（審査・支払い）、事業者・施設の指定・指導・監督、地域支援事業及び保健福祉事業、**市町村介護保険事業計画**（3年1期）の策定などを行う。

介護給付費審査委員会は、市町村から委託を受けて介護保険給付の審査・支払業務を行う

国民健康保険団体連合会（国保連）は、国民健康保険事業の健全運営のために設置された公法人で、同連合会に置かれた**介護給付費審査委員会**では、市町村から委託を受けて**介護保険給付の審査・支払業務**を行っている。また、**介護保険サービス**の向上のため、介護保険事業者への指導・助言、介護サービスに関する**苦情処理**なども行っている。

 市町村介護保険事業計画は、市町村計画と一体のものとして作成されなければならず、市町村老人福祉計画と整合性の確保が図られたものでなければならない。

市町村介護保険事業計画は、市町村計画との整合性の確保を図る

市町村介護保険事業計画は、①**市町村老人福祉計画**と一体で、②**市町村計画**と整合性の確保が図られ、③**市町村地域福祉計画**などと調和が保たれたものでなければならない。

都道府県介護保険事業支援計画は、都道府県老人福祉計画と一体のものとして作成する

都道府県介護保険事業支援計画は、①**都道府県老人福祉計画**と一体で、②**都道府県計画・医療計画**と整合性の確保が図られ、③**都道府県地域福祉支援計画**や**高齢者居住安定確保計画**などと調和が保たれたものでなければならない。

都道府県は、３年を１期として都道府県介護保険事業支援計画を策定する

都道府県は、**都道府県介護保険事業支援計画**策定のほか、**介護保険審査会**や財政安定化基金の設置、事業者や介護保険施設の指定等、**介護サービス情報**の公表などを行う。

 × 市町村介護保険事業計画は、市町村老人福祉計画と一体のものとして作成されなければならず、市町村計画と整合性の確保が図られたものでなければならない。

右欄外：3　社会の理解　❺　介護保険制度

地域支援事業には、介護予防・日常生活支援総合事業、包括的支援事業、任意事業がある

地域支援事業は**介護保険制度**の中の事業の１つであり、保険者である**市町村**が、地域の要支援認定者のみならず、地域の**高齢者全般**を対象に、地域で必要とされているサービスを提供する介護予防システムである。

●地域支援事業の構成

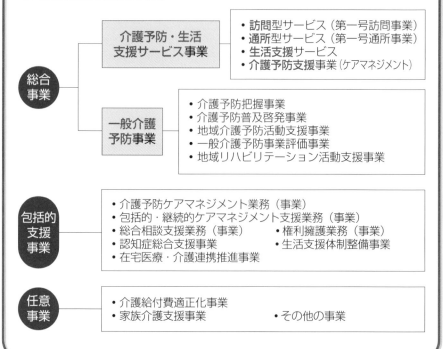

総合事業

介護予防・生活支援サービス事業
- **訪問型サービス**（第一号訪問事業）
- **通所型サービス**（第一号通所事業）
- **生活支援サービス**
- **介護予防支援事業**（ケアマネジメント）

一般介護予防事業
- 介護予防把握事業
- 介護予防普及啓発事業
- 地域介護予防活動支援事業
- 一般介護予防事業評価事業
- 地域リハビリテーション活動支援事業

包括的支援事業
- 介護予防ケアマネジメント業務（事業）
- 包括的・継続的ケアマネジメント支援業務（事業）
- 総合相談支援業務（事業）
- 権利擁護業務（事業）
- 認知症総合支援事業
- 生活支援体制整備事業
- 在宅医療・介護連携推進事業

任意事業
- 介護給付費適正化事業
- 家族介護支援事業
- その他の事業

 地域支援事業の対象者は、地域の高齢者全般である。

介護予防・生活支援サービス事業は、介護予防・日常生活支援総合事業の１つである

介護予防・生活支援サービス事業は、**訪問型**サービス、**通所型**サービス、**生活支援**サービス、**介護予防支援**事業で構成されており、居宅要支援被保険者などを対象に提供する。

訪問型サービス	掃除、洗濯等の日常生活上の支援を行う
通所型サービス	機能訓練や集いの場など日常生活上の支援を行う
生活支援サービス	栄養改善を目的とした配食や一人暮らし高齢者への見守りなどを行う
介護予防支援事業	総合事業によるサービス等が適切に提供できるようケアマネジメントする

市町村は、包括的支援事業を委託することができる

市町村は、老人介護支援センターの設置者などに対し、包括的支援事業の実施に係る**方針**を示して、包括的支援事業を委託することができる。この委託は、包括的支援事業を**一括**して行うものでなければならない。

○ 地域支援事業は、保険者（市町村）が、地域の要支援認定者のみならず、地域の高齢者全般に対してサービスを提供する介護予防システムである。

3

社会の理解

⑥ 地域支援事業

一般介護予防事業は、介護予防・日常生活支援総合事業の１つとして位置づけられている

一般介護予防事業は、法改正により、**介護予防事業**から改称され、一次予防事業と二次予防事業の区分も廃止された。

介護予防把握事業	支援を要する者を把握し、介護予防活動につなげる
介護予防普及啓発事業	介護予防活動の普及・啓発を行う
地域介護予防活動支援事業	地域の住民主体の介護予防活動の育成・支援を行う
一般介護予防事業評価事業	一般介護予防事業の事業評価を行う
地域リハビリテーション活動支援事業	地域ケア会議などにリハビリテーション専門職等の関与を促進する

厚生労働大臣は、介護予防・日常生活支援総合事業の実施に係る指針を公表する

厚生労働大臣は、介護予防・日常生活支援総合事業の適切かつ有効な実施を図るため必要な指針を公表する。

 認知症総合支援事業では、生活支援コーディネーターが配置される。

認知症総合支援事業では、認知症初期集中支援チームなどが配置される

認知症総合支援事業では、医療系・介護系の多職種からなる**認知症初期集中支援チーム**や、認知症地域支援推進員（保健師・看護師等）が配置される。

生活支援体制整備事業では、生活支援コーディネーターが配置される

生活支援体制整備事業では、**生活支援コーディネーター**（地域支え合い推進員）を配置し、地域におけるサービス提供体制の構築をコーディネートする。

家族介護支援事業では、介護方法の指導等を行う

家族介護支援事業では、在宅介護をしている家族等に対し、介護に関する**知識・技術**の習得や**情報交換**等を行う機会を提供し、家族の**介護負担の軽減**を図る。

× 認知症総合支援事業では、認知症初期集中支援チームや認知症地域支援推進員が配置される。生活支援コーディネーターは、生活支援体制整備事業に配置される。

3

社会の理解

⑥

地域支援事業

57

check!

障害者総合支援法の体系は、自立支援給付と地域生活支援事業で構成されている

障害者総合支援法（障害者の日常生活及び社会生活を総合的に支援するための法律）のサービス体系は、**自立支援給付**と**地域生活支援事業**で構成されている。

市町村

自立支援給付

介護給付
居宅介護（ホームヘルプ）
重度訪問介護
同行援護
行動援護
重度障害者等包括支援
短期入所（ショートステイ）
療養介護
生活介護
施設入所支援

訓練等給付
自立訓練　　就労移行支援
就労継続支援　就労定着支援
自立生活援助
共同生活援助（グループホーム）

自立支援医療
更生医療
育成医療
精神通院医療（都道府県等が実施）

相談支援　　**補装具**

地域生活支援事業

相談支援
コミュニケーション支援
日常生活用具給付等
移動支援
地域活動支援センター
福祉ホーム
その他の日常生活または社会生活支援
成年後見制度利用支援　など

支援

都道府県

専門性の高い相談支援
広域的な対応が必要な事業
サービス・相談支援者や
指導者の育成　など

 Q 難病患者は、障害者（18歳以上の者）に含まれる。

障害者（18歳以上の者）の定義には、難病患者も含まれる

障害者総合支援法による障害者の定義は、①**身体**障害者、②**知的**障害者、③**精神**障害者（**発達**障害者を含む）④難病患者となっている。**難病患者**とは、治療方法が確立していない等の疾病により、厚生労働大臣が定める程度の障害のある者をいう。

介護給付を利用するためには、障害支援区分の認定を受ける必要がある

介護給付を利用するまでの流れは次のとおり。
①申請手続き（居住地の**市町村**、居住地特例あり）
②認定調査（アセスメント調査、概況調査、特記事項）
③障害支援区分の認定（区分１〜６）
④サービス等利用計画案の作成（市町村に提出）
⑤支給決定（**障害福祉サービス受給者証**の交付を受ける）
⑥利用の**契約締結**（利用者が指定事業者・施設と契約する）

　○　難病患者とは、治療方法が確立していない疾病等の特殊の疾病で、障害の程度が厚生労働大臣が定める程度の者をいう。

3

社会の理解

⑦ 障害者総合支援法

給付対象となる補装具は、医師の診断書等に基づいて使用されるものでなければならない

●給付対象となる補装具の３つの要件

① **障害個別**に対応して設計・加工されており、身体の欠損もしくは損なわれた身体機能を**補完・代替**するもの
②身体に装着して日常生活・就労・就学に使用するもので、同一製品を**継続**して使用するもの
③ **医師**などの診断書や意見書に基づいて使用されるもの

相談支援には、基本相談支援、地域相談支援、計画相談支援がある

相談支援事業の種類としては、**一般相談支援**事業と**特定相談支援**事業に区分されており、**一般相談支援**事業では基本相談支援と地域相談支援を行い、**特定相談支援**事業では基本相談支援と計画相談支援を行うことになっている。

地域相談支援	地域移行支援と地域定着支援を行う
計画相談支援	サービス利用支援と継続サービス利用支援を行う

 消費生活センターは消費者庁が管轄する独立行政法人で、消費者問題における中核的機関としての役割を果たしている。

check!

国民生活センターは、消費者問題における中核的機関としての役割を果たしている

国民生活センターは**消費者庁**が管轄する独立行政法人で、消費者基本法に基づき、国や全国の**消費生活センター**などと連携して、消費生活相談などの情報を収集する。収集した情報を消費者被害の未然防止、拡大防止に役立てるほか、商品テストや専門相談、教育研修、生活に関する**調査研究**を実施している。

check!

消費生活センターでは、消費生活全般に関する消費者からの相談を受け付けている

消費生活センターは**都道府県**と**市町村**の消費者行政機関であり、消費生活全般に関する消費者からの相談を専門の相談員が受け付けている。また、**国民生活センター**と連携して消費者からの情報を提供したり、商品テスト、苦情処理などを行っている。なお、誰もがアクセスしやすい相談窓口として、消費者ホットライン（局番なしの 188）が開設されている。

× 　消費者庁が管轄する独立行政法人で、消費者問題における中核的機関としての役割を果たしているのは、国民生活センターである。

3

社会の理解

⑦ 障害者総合支援法　⑧ 介護実践に関連する諸制度

クーリングオフ制度により、契約後、一定の期間内であれば無条件で契約を解除できる

クーリングオフ制度では、**一定期間内**に消費者が申し出ることで契約を解除できるが、対象となるのは、通信販売を除く**特定商取引法**の対象取引（訪問販売、電話勧誘販売、マルチ商法）、特定継続的役務提供（エステティックサロン、英会話教室など）、クレジット契約、生命・損害保険契約などで、自らの意思で**店舗**に出向いて購入した場合は、原則として対象とならない。

配偶者暴力防止法（DV防止法）は、婚姻関係にないパートナーについても適用される

配偶者暴力防止法（DV防止法）は、配偶者等による不当な暴力を防止して被害者の**人権**を守り、男女の**平等**を実現することを理念として、2001（平成13）年に制定された。
被害者支援の拠点として、都道府県は**配偶者暴力相談支援センター**を設置しなければならず、市町村は設置するよう努めなければならない。

 マイナンバーなどの個人識別符号は個人情報ではない。

個人情報保護法は、情報を提供する個人の権利利益を保護することを目的としている

個人情報保護法は、個人情報の適正な取扱い方法や個人情報を取り扱う**事業者及び行政機関**等に対して、遵守すべき義務等を定めている。個人情報とは、**生存**する個人に関する情報に含まれる氏名、生年月日その他の記述等により**特定の個人**を識別することができるものや、**個人識別符号**をいう。

2020（令和2）年の改正により、本人の権利保護の強化、氏名等を削除した「仮名加工情報」の創設、法令違反に対する罰則の強化など、さまざまな変更が行われ、2022（令和4）年4月より全面施行されています。

「サービス付き高齢者向け住宅」は、高齢者住まい法の改正によって創設された

2001（平成13）年に施行された高齢者住まい法（高齢者の居住の**安定確保**に関する法律）は2011（平成23）年に全面改正され、**サービス付き高齢者向け住宅**の都道府県知事への登録制度が創設された。これは**バリアフリー**構造の賃貸住宅で、基本サービスとして**安否確認**と**生活相談**が提供される。

右側縦書き：

3

社会の理解

⑧ 介護実践に関連する諸制度

 × 個人識別符号は個人情報である。基本的には、指紋などの身体的特徴を符号したもの、住民票コード、マイナンバーなど個人に割り当てられた符号をいう。

check!

育児・介護休業法に基づく子の看護休暇・介護休暇は、1時間単位でも取得できる

育児・介護休業法*に基づく子の看護休暇・介護休暇は、1年度において次のとおり取得することができる。

	対象となる労働者	取得日数の限度	取得単位
子の看護休暇	小学校就学前の子を養育する労働者	年5日（子が2人以上の場合は年10日）まで	1日単位または1時間単位
介護休暇	要介護状態にある対象家族**の介護や世話を行う労働者	年5日（対象家族が2人以上の場合は年10日）まで	1日単位または1時間単位

*育児休業、介護休業等育児又は家族介護を行う労働者の福祉に関する法律
**配偶者（事実婚を含む）、父母、子、配偶者の父母、祖父母、兄弟姉妹、孫

check!

介護休業は、要介護状態にある対象家族を介護するための休業である

介護休業は、負傷や疾病などにより2週間以上にわたり要介護状態（常時介護が必要な状態）にある対象家族*の介護や日常生活上の世話をするために取得できる。
対象家族を介護する労働者は、対象家族1人につき、要介護状態に至るごとに通算93日まで、3回を上限として分割して取得できる。

*配偶者（事実婚を含む）、父母、子、配偶者の父母、祖父母、兄弟姉妹、孫

 生活保護法の目的の1つに、「自立を助けること」がある。

生活保護法の目的は、最低限度の生活の保障と自立の助長である

生活保護法第１条に述べられている。**生活保障**だけでなく、**自立**を助長することも目的であるところに注意する。

生活保護は、世帯単位で行われる

生活保護の要否や程度は、**世帯**単位で判定される。生活扶助（金銭支給）の額は**世帯**単位で計算され、世帯主またはこれに準ずる者に対して交付される。

最低生活費から収入を差し引いた差額が保護費として支給される

厚生労働大臣が定める基準で計算される最低生活費と収入を比較して、**収入が最低生活費に満たない**場合に、最低生活費から**収入**を差し引いた差額が**保護費**として支給される。

 ○ 生活保護法の目的には、「生活保障」だけでなく、「自立を助けること」がある。

3

社会の理解

⑧ 介護実践に関連する諸制度

check!

生活保護は、「4つの基本原理」に基づき、「保護の4つの原則」に則って行われる

●保護の4つの基本原理（根本的な法則）

①国家責任の原理	国が国民の最低限度の生活を保障する責任を負う
②無差別平等の原理	保護においては、身分や困窮の原因などによる差別的な取り扱いは行わない
③最低生活保障の原理	すべての国民が、健康で文化的な最低限度の生活を保障される
④補足性の原理	資産や能力の活用、扶養義務者による扶養、他法による救済を優先し、なお不十分な場合に補足的に用いる

●保護の4つの原則（基本的な考え方）

①申請保護の原則	保護は、原則として、要保護者、その扶養義務者その他の親族の申請に基づいて行う
②基準及び程度の原則	厚生労働大臣が定める基準に基づいて要保護者の必要を測り、保護によって不足分を補う。基準は、年齢・性・世帯構成・所在地などによって定める
③必要即応の原則	要保護者の実際の必要を考慮して適切に保護を行う
④世帯単位の原則	保護は原則として世帯を単位とする。ただし、状況により、世帯分離もあり得る

 生活保護の住宅扶助は借家等の家賃を対象とし、持ち家には適用されない。

生活保護には、生活扶助、医療扶助、教育扶助など8種類がある

生活保護は、保護の4つの原則に則り、以下の8種類の扶助から必要なものを給付する。④介護扶助と⑧医療扶助は原則として現物給付であり、ほかは現金給付となっている。

①生活扶助	日常必要な諸費用。第1類として、個人単位の経費（食費、被服費等）、第2類として、世帯単位の経費（光熱水道費等）と地区別冬季加算などを定め、給付する
②教育扶助	義務教育に必要な学用品、給食費等の費用
③住宅扶助	借家、借間の家賃など住居費用と、持ち家の修繕費用
④介護扶助	介護保険法の被保険者の場合は、必要な介護サービスの利用者負担部分（1割）を公費負担する。被保険者でない場合は介護サービスを現物給付
⑤出産扶助	分娩及び分娩後の処置等の出産にかかる費用
⑥生業扶助	就労に必要なものの給付、技能修得費用など
⑦葬祭扶助	保護を受けている者が死亡した場合の葬祭などに必要な費用
⑧医療扶助	入院、診察、投薬、手術、療養などの現物給付

A × 住宅扶助は、借家、借間の家賃のほか、持ち家の修繕も対象となる。

3

社会の理解

⑧ 介護実践に関連する諸制度

生活困窮者自立支援制度は、生活保護に至る前の者などを支援の対象としている

生活困窮者自立支援制度は、生活保護に**至る前**の者への自立支援と、生活保護から**脱却**した者への自立助長機能の強化を目的としている。**必須事業**（自立相談支援事業、住居確保給付金の支給）と、対象者の状況に合わせた**任意事業**からなり、都道府県、市及び福祉事務所を設置する町村が実施主体となっている。

福祉避難所は、避難所生活において特別な配慮が必要な要配慮者と家族が利用できる

福祉避難所は災害対策基本法による避難所の１つで、**市町村**が指定する。高齢者、障害者のほか、妊産婦、乳幼児、病弱者など、災害時の避難所生活において何らかの**特別な配慮**を必要とする者とその**家族**が利用できる。福祉避難所の運営にあたっては、防災、福祉、保健、医療などの関係者等と協働して取り組むことが重要である。

領域Ⅱ：介護

4 介護の基本

介護が社会問題化した背景には、高齢化が進んだことがある

わが国は、1970（昭和45）年に、**高齢化率7%を超え高齢化社会**となった。さらに1994（平成6）年には**高齢社会**（高齢化率14%）、2007（平成19）年に**超高齢社会**（高齢化率21%）となり、急激な社会の変化と同時に**少子高齢化**が進んでいる。家族だけでの介護は困難となり、介護サービスを利用するなど社会全体で分担して支えることを**介護の社会化**という。

特定の産業分野に限って外国の人材を受け入れる「特定技能1号」に、介護業種が追加された

2018（平成30）年に出入国管理及び難民認定法が改正され、「特定技能1号」「特定技能2号」が創設され、2019（平成31）年「**特定技能1号**」対象に**介護**が加わった。介護福祉士有資格者においては**在留資格「介護」**も2017（平成29）年に創設、施行されている。

 日本は、2000年代に入り高齢化社会となった。

check!

高齢者が尊厳をもって暮らす、その人らしい生活を自分の意思で送ることが重要である

「2015年の高齢者介護〜高齢者の尊厳を支えるケアの確立に向けて〜」では、①**介護予防・リハビリテーションの充実**、②**生活の継続性を維持するための、新しい介護サービス体系**、③**新しいケアモデルの確立**、④**サービスの質の確保と向上**の実現を課題としている。

check!

日本介護福祉士会は、生涯研修体系の確立に向けた活動を行っている

日本介護福祉士会は、介護福祉士倫理綱領を採択し、介護福祉士としての倫理観を明記している。また、能力向上のため、**生涯研修体系**の確立に向けた活動、研修活動事業や学術研究事業、広報・普及・啓発に関する事業、介護や福祉に関する政策提言などを行っている。

 × 高齢化社会になったのは、高齢化率7%を超えた1970年である。2007年には高齢化率21%を超え、超高齢社会となった。

ノーマライゼーションの考え方は、バンク－ミケルセンが提唱した

ノーマライゼーションは、デンマークの知的障害児の親の会の運動から始まり、バンク - ミケルセンが提唱した。その後スウェーデンのニィリエが 8 つの原理に整理した。ノーマライゼーションの理念を発展させた考え方として「ソーシャルロールバロリゼーション」（価値のある社会的役割の獲得）がある。

利用者の QOL（生活の質）の向上を目指し、支援していく

介護福祉職は、利用者が自立した生活を営み、自己実現を図ることができるよう、ADL（日常生活動作）の自立に必要な介護を行う。また、QOL を向上させるように、利用者が社会的な役割をもち、他者との交流や社会参加を積極的に行えるよう支援する。利用者の ADL や QOL の向上のために何が必要かを理解するためには、生活史やさまざまな側面をとらえる必要がある。

 デンマークのバンク - ミケルセンがノーマライゼーションを 8 つの原理に整理した。

check!

介護福祉士は、名称独占の国家資格である

2007（平成19）年に社会福祉士及び介護福祉士法が改正され、介護福祉士の業務についての定義が変更された。

●介護福祉士の業務
①介護福祉士の名称を用いること（**名称独占**。試験に合格し必要事項を登録すると介護福祉士となる）
②専門的知識及び技術をもつこと
③身体や精神の障害のために日常生活を営むのに支障がある人を対象とすること
④利用者の**心身の状況**に応じた介護を行うこと
⑤利用者と利用者の家族に介護について指導すること

名称独占とは「介護福祉士以外の人は介護福祉士を名乗ってはいけない」という意味です。

業務独占は、医師のように、「その資格をもっている人以外はその仕事をしてはいけない」という意味です。

× ノーマライゼーションは、バンク‐ミケルセンが提唱し、その後、ニィリエが8つの原理に整理した。

介護福祉士には、福祉サービス関係者等との連携保持義務が課せられている

社会福祉士及び介護福祉士法第47条第2項において、「業務を行うに当たつては…（中略）…福祉サービス関係者等との連携を保たなければならない」と規定されている。**福祉サービス関係者等**とは、福祉サービス関係者のほか、医師・看護師・保健師・言語聴覚士・作業療法士・理学療法士などの**医療関係者**も含まれる。

介護福祉士は、利用者の社会的自立、住環境の整備なども支援する

介護福祉士は、利用者を全人的に支援するために、利用者本位を基本とし、身辺の自立や精神的な自立のほか、**社会的自立**や**住環境**の整備も支援する。

 社会福祉士及び介護福祉士法に規定されている介護福祉士の責務として、知識及び技能の向上に努めることがある。

check!

介護福祉士には、誠実義務、信用失墜行為の禁止、秘密保持義務等が課せられている

社会福祉士及び介護福祉士法では、介護福祉士の義務等が規定されている。

第44条の2：**誠実義務**（利用者個人の尊厳を保持し、自立した日常生活を営むことができるよう、利用者の立場に立って誠実に業務を行う）
第45条：**信用失墜行為の禁止**（信用を傷つけるような行為をしてはならない）
第46条：**秘密保持義務**（業務に関して知り得た人の秘密を漏らしてはならない）
第47条の2：**資質向上の責務**（知識・技能の向上に努める）

check!

介護予防の視点も大切である

介護福祉士の業務には、現在は要介護状態でない人の**介護予防**も含まれる。高齢者の場合は、加齢に伴って身体機能が低下するので、要介護状態にならないよう**予防**の視点をもって支援する。

　○　社会福祉士及び介護福祉士法第47条の2「資質向上の責務」に規定されている。

『日本介護福祉士会倫理綱領』に、介護福祉士としての倫理観が明記されている

日本介護福祉士会倫理綱領
前文
私たち介護福祉士は、介護福祉ニーズを有するすべての人々が、住み慣れた地域において安心して老いることができ、そして暮らし続けていくことのできる社会の実現を願っています。
そのため、私たち日本介護福祉士会は、一人ひとりの心豊かな暮らしを支える介護福祉の専門職として、ここに倫理綱領を定め、自らの専門的知識・技術及び倫理的自覚をもって最善の介護福祉サービスの提供に努めます。

（利用者本位、自立支援）
　　1. 介護福祉士は、すべての人々の**基本的人権**を擁護し、一人ひとりの住民が心豊かな暮らしと老後が送れるよう利用者本位の立場から**自己決定**を最大限尊重し、自立に向けた介護福祉サービスを提供していきます。

（専門的サービスの提供）
　　2. 介護福祉士は、常に専門的知識・技術の研鑽に励むとともに、豊かな感性と的確な判断力を培い、深い洞察力をもって専門的サービスの提供に努めます。
　　　また、介護福祉士は、介護福祉サービスの**質的向上**に努め、自己の実施した介護福祉サービスについては、常に専門職としての責任を負います。

（プライバシーの保護）
　　3. 介護福祉士は、プライバシーを保護するため、職務上知り得た**個人の情報**を守ります。

（総合的サービスの提供と積極的な連携、協力）
　　4. 介護福祉士は、利用者に最適なサービスを**総合的**に提供していくため、福祉、医療、保健その他関連する業務に従事する者と積極的な**連携**を図り、協力して行動します。

（利用者ニーズの代弁）
　　5. 介護福祉士は、暮らしを支える視点から利用者の真のニーズを受けとめ、それを**代弁**していくことも重要な役割であると確認したうえで、考え、行動します。

（地域福祉の推進）
　　6. 介護福祉士は、地域において生じる介護問題を解決していくために、専門職として常に積極的な態度で住民と接し、介護問題に対する深い理解が得られるよう努めるとともに、その**介護力**の強化に協力していきます。

（後継者の育成）
　　7. 介護福祉士は、すべての人々が将来にわたり安心して質の高い介護を受ける権利を享受できるよう、介護福祉士に関する**教育水準**の向上と**後継者**の育成に力を注ぎます。

 『日本介護福祉士会倫理綱領』には、介護福祉士に関する教育水準の向上と後継者の育成に力を注ぐことが含まれている。

利用者一人ひとりの生き方を尊重する

社会福祉法において福祉サービスの基本的理念として規定されているように、介護福祉士などの介護福祉職には、**個人の尊厳**を尊重することが求められる。具体的には、利用者自身の生き方・生活の方法を**尊重**した介護を行うことが必要である。

利用者の自立した生活の実現を、積極的に支援する

利用者が、可能なかぎり、その人らしい自立した生活を送ることができるように、**ADL（日常生活動作）**の自立と**QOL（生活の質）**の向上を支援する。そのためには、利用者の価値観やニーズを把握するように努めることが大切である。

『日本介護福祉士会倫理綱領』には、後継者の育成のほか、利用者本位・自立支援、専門的サービスの提供、プライバシーの保護、利用者ニーズの代弁などが明記されている。

利用者の自己選択、自己決定を尊重する

『日本介護福祉士会倫理綱領』では、介護福祉士は利用者本位の立場から「自己決定を最大限尊重」する、と言明している。

介護福祉士の職業倫理には、後継者育成も含まれる

介護福祉士は、すべての人が将来にわたり質の高い介護を受けられるよう、教育水準の向上と後継者の育成を求められる。

利用者の身体機能の維持・改善、精神活動の向上に努める

介護福祉職は、利用者の自立した生活のために身体機能の維持・改善を支援すること、さらにその人らしい質の高い生活のために、精神活動の向上をサポートすることが必要である。

 介護福祉職の価値観をもとに、利用者の支援を行う。

たとえ重度の障害があっても、利用者の社会参加を促す

障害者基本法の理念にもあるように、介護福祉職は障害者の**自立**と**社会参加**を支援することが大切である。利用者に重度の障害がある場合には、社会参加をするためにはさまざまな**バリア**が存在するが、利用者本人の**自己実現**に向けて社会参加を支援する。

自分の価値観で利用者を批判してはならない

利用者の「その人らしい生活」を支援することが、介護福祉職の基本である。したがって、利用者自身の**価値観**に沿った支援が求められるのであって、介護福祉職の価値観をもとに利用者を批判するなどの**価値観**の押し付けをしてはならない。利用者の生活史を把握し、利用者の発する言葉や行動の裏に隠れている意味を汲み取った支援が求められる。

 × 利用者の価値観に沿った支援をすることが、介護福祉職の基本である。

家族が利用者と精神的なかかわり合いをもてるように支援する

家族介護者に係る介護負担は相当大きいものとなっている。介護福祉職は、家族介護者の心情を**理解**し、アドバイスをすることで、家族の**精神的**な負担感を軽くし、家族が利用者と精神的にかかわれる余裕をもてるように支援する。

スーパービジョンの機能には、教育的機能、管理的機能、支持的（援助的）機能がある

介護福祉職は、専門職としての知識、技術、価値について各々で研鑽（けんさん）を積むことが大切である。さらに問題を一人で抱えこまず、**スーパービジョン**によって熟練の専門職から教育的な指導を受け、自分では気づかなかったことに**気づき**、能力を向上させるとともに、介護業務に対して意欲を高めることが大切である。

 初回面接時には、利用者のニーズや心情を受け止め、理解することが大切である。

初回面接時の言葉や表情が、利用者との関係に影響する

初めて利用者と接したときに、**信頼関係（ラポール）**の構築につながる印象を与えられるか、不信感をもたれるかによって、その後の支援関係は異なってくる。初回面接においては、利用者のニーズや心情を受け止め、**理解**するように努める。自立生活の支援を行うためには、利用者がどこまで自分でできるのかを確認し、利用者の残存機能を引き出す支援をする。

主治医と相談する場合、本人の同意を得てから行う

支援は**利用者本人**の意思を尊重することが基本である。医師や医療関係者との連携が必要な場合には、介護福祉職や行政が決定するのではなく、**利用者や家族**の同意を得る。

あくまで利用者の意思を尊重すること。介護福祉職の独りよがりではいけないのです。

A ○ 初めて利用者と接する際には、信頼関係（ラポール）を築くことができるよう、利用者のニーズや心情を受け止め、理解するように努める。

利用者の権利を擁護する仕組みとして、成年後見制度や苦情解決制度などがある

認知症高齢者など、サービスの利用に不利が生じる可能性のある利用者のため、**成年後見制度**や**苦情解決制度**などが整備されている。

利用者のプライバシーや個人情報は適正に取り扱うことが重要である

介護福祉職は、利用者や家族のプライバシーに深くかかわり、個人情報を知り得る立場にあるため、この**保護**が重要である。個人情報保護法では、個人情報を扱う**企業・団体**、**自治体**などに対して、個人情報の適正な管理、**利用目的**の明確化、**不正取得**の禁止などが定められているほか、本人による情報の開示、訂正、削除等の権利行使も認めている。

  聴覚障害者標識（聴覚障害者マーク）は、聞こえが不自由なことを表すと同時に、聞こえない人・聞こえにくい人への配慮を表すマークである。

利用者の自立した生活は、利用者自身のもっている潜在能力に着目し自立支援する

介護の基本理念は、自立支援と尊厳の保持のために自助努力し、尊厳をもって暮らすことの実現である。介護福祉職は、利用者の**残存能力**を活用して、利用者の介護度が重くならないように努めることが重要である。**自分でできること**は自分で行えるよう支援する方法が望ましい。

聴覚障害のある人への対応として、筆談を用いた関わり方がある

聴覚障害者標識（聴覚障害者マーク）は、聴覚に障害のある人が運転する車に表示義務のあるマークである。他に、聞こえが不自由なことを表すと同時に、聞こえない人・聞こえにくい人への配慮を表す**耳マーク**がある。**筆談**や**手話**、**スマホ・タブレット**等に文字入力する方法などで支援する。

聴覚障害者マーク

 ×　問いの記述は、耳マークについての説明である。聴覚障害者標識（聴覚障害者マーク）は、聴覚に障害のある人が運転する車に表示しなければならないマークである。

check!

ICF（国際生活機能分類）は、ICIDH（国際障害分類）を発展させて作成された

ICF（国際生活機能分類）は、ICIDH（国際障害分類）の改訂版で2001（平成13）年にWHO（世界保健機関）で採択された。ICFは障害当事者の参加を得て検討され、人間の生活機能を**心身機能・身体構造、活動、参加**の3側面から統合モデルとして包括的にとらえ、障害とは、これらについて何らかの問題を抱えた状態であるとした。

心身機能・身体構造に障害がある状態⇒**機能・構造障害**
活動に障害がある状態⇒**活動制限**
参加に障害がある状態⇒**参加制約**

● ICF（国際生活機能分類）の構成要素間の相互作用

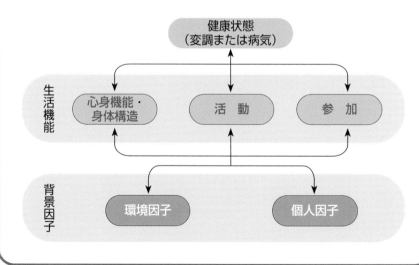

 ICF（国際生活機能分類）は、ICIDH（国際障害分類）を発展させ、障害当事者の参加を得て検討ののち、採択された。

check!

国際生活機能分類の生活機能は、心身機能・身体構造、活動、参加で構成される

国際生活機能分類は、大きく①健康状態、②生活機能、③背景因子の3レベルで構成されている。

●生活機能の3要素

心身機能・身体構造	心身機能は、身体の生理機能を意味し、身体構造は、各器官や肢体（構成部分を含む）の身体の解剖学的部分を意味する
活　動	個人の課題・行為に対する遂行を意味する
参　加	人生場面や社会への目的のあるかかわりを意味する

check!

国際生活機能分類の背景因子は、環境因子と個人因子である

環境因子には、生活環境や介護者などが含まれ、個人因子には、性別や性格などが含まれる。

環境因子	生活機能や障害への外的影響を意味する
個人因子	生活機能や障害への内的影響を意味する

○　2001（平成13）年WHO発表のICF（国際生活機能分類）は、1980（昭和55）年WHO発表のICIDH（国際障害分類）の改訂版である。

check!

WHO（世界保健機関）では、リハビリテーションを４つの領域に分類している

覚えよう

《リハビリテーションの４つの領域》
①医学的リハビリテーション
②社会リハビリテーション
③教育リハビリテーション
④職業リハビリテーション

リハビリテーションという言葉は、名誉回復や公民権回復の意味もあります。単なる機能回復訓練ではなく、人間らしく生きることを取り戻す「全人間的復権」を目指すものです。

check!

医学的リハビリテーションの過程は、急性期、回復期、維持期に区分される

維持期のリハビリテーションを包含する概念として、地域リハビリテーションがある。**維持期**のリハビリテーションは、介護保険の介護老人保健施設、訪問リハビリテーションや通所リハビリテーション（デイケア）などの利用によって実施される。

リハビリテーションとは、その人が再び人間らしく生きることのできる「全人間的復権」を目標とした考え方である。

check!

医学的リハビリテーションには、理学療法や作業療法などがある

理学療法には、関節可動域訓練、筋力強化訓練、歩行訓練、全体調整訓練、チルトテーブル訓練など基本的動作能力の回復があり、作業療法には、日常生活活動訓練や家事動作訓練など応用的動作や社会的適応能力回復がある。理学療法と作業療法は医師の指示に基づき実施される。

check!

IADLは、ADLの動作を応用した日常生活上のより複雑な活動である

ADL（日常生活動作）よりももっと複雑な、道具や手段を使って行う日常の生活に必要な動作を、IADL（手段的日常生活動作）という。具体的には、電話を使う、乗り物に乗って出かける、買い物をする、金銭管理をする、薬を飲むなどである。

 ○ WHOが明記したリハビリテーションの領域には、医学的、社会、教育、職業の4つがある。

居宅サービス計画は、居宅介護支援事業所において<u>介護支援専門員</u>が作成する

居宅サービス計画の作成にあたって実施されるアセスメントは、**利用者の居宅**を訪問し、利用者及び利用者の家族との**面接**によって行わなければならない。居宅サービス計画は、利用者自身が作成するセルフプランも認められている。

介護支援専門員は、居宅サービス事業者等に<u>介護サービス計画の提出を求める</u>

居宅介護支援事業所の**介護支援専門員**は、居宅サービス計画に位置づけた居宅サービス事業者等に対し、そのサービスの介護サービス計画の提出を求める。また、居宅介護支援事業者は、**地域ケア会議**から対象者の検討をするための資料、情報提供、意見の開陳などの求めがあった場合、これに協力するよう努めなければならない。これは、介護予防支援も同様である。

 居宅サービス計画を作成する際のアセスメントでは、利用者とのみ面接を行う。

check!

介護保険の訪問介護の支援内容は、身体介護と生活援助に大別できる

訪問介護の支援は**身体介護**と**生活援助**に分けられ、サービス提供責任者が作成した**訪問介護計画**に基づき、訪問介護員が利用者宅を訪問して行う。

●訪問介護の主な支援内容

身体介護	排泄介助、食事介助、清拭・入浴介助、身体整容、洗面、更衣介助、体位変換、移乗・移動介助、通院・外出介助、就寝・起床介助、自立支援のための見守り援助、特段の専門的配慮をもって行う調理（流動食や糖尿病食等の調理）
生活援助	掃除、洗濯、ベッドメイク、衣類の整理・被服の補修、一般的な調理・配膳等、買い物・薬の受け取り

check!

介護保険による訪問介護の生活援助は、利用者本人に係るものに限られる

直接本人の援助に該当しない行為、**日常生活の援助**に該当しない行為は、訪問介護の生活援助の範囲に含まれない。

●一般的に生活援助の範囲に含まれないと考えられる事例

直接本人の援助に該当しない行為	・利用者以外の者に係る洗濯、調理、買い物、布団干し ・主として利用者が使用する居室など以外の掃除 ・来客の応接（お茶、食事の手配など）　　　　　　　　　など
日常生活の援助に該当しない行為	・草むしり、花木の水やり、犬の散歩などペットの世話 ・家具や電気製品などの移動・修繕、模様替え ・大掃除、室内外家屋の修理、ペンキ塗り ・植木の剪定などの園芸 ・特別な手間をかけて行う**行事食**（おせち料理など）の調理　など

 × 利用者だけでなく、利用者の家族とも面接を行わなければならない。

居宅療養管理指導は、居宅要介護者について行われる療養上の管理及び指導等をいう

居宅療養管理指導は、通院が困難な要介護者について病院、診療所または薬局の、医師、歯科医師、薬剤師、歯科衛生士、管理栄養士などにより行われる療養上の**管理及び指導**等をいう。

訪問入浴介護は、浴槽を提供して入浴介護を行う居宅サービスである

訪問入浴介護は、自宅に利用できる浴室がないなど、居宅での入浴が困難な**要介護者**を対象に、**浴槽を提供**して入浴介護を行う居宅サービスである。自宅の浴室を使用して入浴が可能な**要介護者**は、訪問介護の**身体介護**を利用して、入浴介護を受けることになる。訪問入浴介護のサービス提供体制は、**看護職員１名と介護職員２名**を基本としている。

 訪問看護サービスは、主治医からの「訪問看護指示書」が必要である。

check!

訪問看護は、主治医の指示に基づき行われる

訪問看護の開始時には主治医が記載した「**訪問看護指示書**」が必要であり、有効期間は、**1か月から6か月**である。サービスの内容は、褥瘡の処置やカテーテルの管理、療養指導、リハビリテーション、ターミナルケアなど。サービスの提供者は、保健師、看護師、准看護師のほか、理学療法士（PT）、作業療法士（OT）など。

check!

看護小規模多機能型居宅介護が創設され、医療ニーズの高い要介護者にサービスの充実が図られた

2012（平成24）年に創設された地域密着型サービスである。**医療ニーズ**の高い要介護者に**看護**と**介護サービス**が連携して役割分担したケア体制がとれる。医療ニーズの高い要介護者の状況に応じて居宅（訪問）、通いまたは短期間の宿泊の**組合せ**により住み慣れた地域で暮らせる。

 ○ 訪問看護サービスは、主治医の指示に基づき実施されるサービスである。

91

check!

通所介護は、利用者の家族の身体的・精神的負担を軽減する効果もある

通所介護は利用者の社会的な**孤立感**を解消させ、**心身機能**を維持する効果がある。さらに、家族介護者を介護から定期的に一定時間解放することができるため、**介護負担**を軽減する効果もあり、レスパイトケアでもある。

check!

療養通所介護は、地域密着型サービスに移行した

療養通所介護は、これまで居宅サービスの通所介護の中に位置づけられていたが、2016（平成28）年4月から地域密着型通所介護が創設されたことに伴い、**地域密着型サービス**の**地域密着型通所介護**の中に位置づけられることになった。

覚えよう

療養通所介護事業所の利用定員は9人以下から18人以下に変更となっています。（2018（平成30）年4月から）

 療養通所介護は、居宅サービスに位置づけられている。

check!

通所介護は、利用定員が 19 人以上のデイサービスセンターなどでサービスを提供する

通所介護系のサービスには、**居宅サービス**に位置づけられている通所介護のほか、**地域密着型サービス**に位置づけられている認知症対応型通所介護や地域密着型通所介護などがある。通所介護は、**利用定員**が 19 人以上のデイサービスセンターなどでサービスを提供するのに対し、地域密着型通所介護は、**利用定員**が 18 人以下のデイサービスセンターなどでサービスを提供する。

check!

通所介護は、居宅要介護者に対して、介護、日常生活上の世話、機能訓練を行う

通所介護では、利用者がデイサービスセンターなどに通い、その施設において入浴、排泄、食事等の介護その他日常生活上の世話、機能訓練が行われる。また、利用者の家族の負担減という効果も期待できる。

 × 療養通所介護は、2016（平成 28）年 4 月から地域密着型サービスの地域密着型通所介護の中に位置づけられている。

通所リハビリテーションを実施する事業者は、介護老人保健施設、病院等である

通所リハビリテーションとは、**主治医**がサービスの利用が必要であると認めた**居宅要介護者**について、**介護老人保健施設、病院、診療所、介護医療院**に通い、その心身の機能の維持回復を図り、日常生活の自立を助けるために行われる理学療法、作業療法その他必要なリハビリテーションを行うサービスをいう。

短期入所生活介護の対象は、一時的に居宅での日常生活に支障がある要介護者である

短期入所生活介護（ショートステイ）は、①利用者の心身状況、②利用者の**家族**の疾病、冠婚葬祭、出張等、③利用者の**家族**の身体・精神的負担により、一時的に居宅において日常生活を営むのに支障がある要介護者を対象としている。短期入所生活介護計画は、概ね４日間以上継続して短期入所する利用者に対して作成される。

 通所リハビリテーションを実施できる事業者は、病院、診療所、介護老人福祉施設である。

特定施設入居者生活介護では、介護支援専門員である計画作成担当者を配置する

特定施設とは、有料老人ホーム、軽費老人ホーム、養護老人ホーム等をいう。特定施設では、**介護支援専門員**である計画作成担当者を配置しなければならない。

一部の福祉用具は、貸与と販売が選択できるようになった

2024（令和6）年4月より、福祉用具のうち、**固定用スロープ**、**歩行器**（歩行車を除く）、**単点杖**（松葉杖を除く）、**多点杖**などが貸与と販売を選択できるようになった。なお、工事が必要な場合は従来どおり**住宅改修**となる。

●福祉用具貸与の対象 13種目

①車いす ②車いす付属品
③特殊寝台 ④特殊寝台付属品
⑤手すり ⑥床ずれ防止用具
⑦体位変換器 ⑧歩行器
⑨スロープ ⑩歩行補助杖
⑪認知症老人徘徊感知機器
⑫移動用リフト（つり具部分除く）
⑬自動排泄処理装置

 × 通所リハビリテーションを実施できる事業者は、病院、診療所、介護老人保健施設、介護医療院である。

特定福祉用具販売とは、福祉用具のうち入浴または排泄に使用するものの販売である

福祉用具のうち、入浴や排泄に用いられるなど、貸与になじまないものを販売する。

●特定福祉用具販売の対象　6種目

①腰掛便座
②自動排泄処理装置の交換可能部品
③排泄予測支援機器
④入浴補助用具　⑤簡易浴槽
⑥移動用リフトのつり具部分

福祉用具サービスを利用する際には、福祉用具サービス計画を作成する

福祉用具サービス計画は、**福祉用具専門相談員**が作成する。福祉用具貸与の場合には**福祉用具貸与**計画を作成し、特定福祉用具販売の場合には**特定福祉用具販売**計画を作成する。利用者が福祉用具貸与と特定福祉用具販売を両方利用している場合には、双方の計画を一体のものとして作成しなければならない。

 介護保険を使って特定福祉用具販売を利用する場合には、福祉用具貸与計画が必要である。

小規模多機能型居宅介護事業所の登録定員は29人以下とする

小規模多機能型居宅介護事業所には、登録定員、通いサービスや宿泊サービスの利用定員が定められている。

登録定員	29人以下
通いサービスの利用定員	登録定員の2分の1から15人まで ※登録定員26〜27人の場合…16人まで 　登録定員28人の場合…17人まで 　登録定員29人の場合…18人まで
宿泊サービスの利用定員	通いサービスの利用定員の3分の1から9人まで

介護老人保健施設では、通所リハビリテーション等の提供も可能である

介護老人保健施設は、開設時に**都道府県知事**の許可が必要である。介護老人保健施設では、通所リハビリテーション等の提供も可能である。介護保険施設サービスは、計画担当介護支援専門員が作成する**施設サービス計画**に基づき提供される。

 ×　この場合、特定福祉用具販売計画が必要である。

高齢者でも障害者でも利用できる、共生型サービスが新設された

障害者総合支援法のサービスを受けていた利用者は、65歳になると介護保険制度へ移行し、これまで利用していた障害福祉サービス事業所を利用できなくなっていたが、2018（平成30）年より共生型サービスの指定を受けると、引き続きなじみのあるサービスを受けられるようになった。訪問、通所、ショートステイが対象である。

介護医療院の開設は、都道府県からの許可が必要になる

介護医療院は介護保険法における長期療養と生活支援を行う施設である。多床室は、1人当たりの床面積8㎡以上、ユニット型は原則個室、1人当たりの床面積10.65㎡と介護老人保健施設と同じ基準である。

介護医療院

 介護老人福祉施設の新規入所者は、原則として要介護3以上の者に限られる。

介護老人福祉施設の新規入所者は、原則として要介護3以上の者に限定されている

介護老人福祉施設の入所対象は、2014（平成26）年の法改正により、新規入所者については、要介護認定者で、原則として要介護3以上（従来は要介護1以上）の者に限定された。

介護保険制度のサービス担当者会議の招集は、介護支援専門員の職務である

ケアプランに基づきサービスを提供しているため、会議の招集は、介護支援専門員が行う。

定期巡回・随時対応型訪問介護看護は、訪問介護と訪問看護が連携して対応する

地域密着型サービスの1つである。**訪問介護**と**訪問看護**が**密接に連携**しながら日中・夜間を通して、定期巡回訪問と随時の対応を行う。

 ○ 介護老人福祉施設の新規入所者は、2014（平成26）年の法改正により、原則として要介護3以上の者に限定された。

夜間対応型訪問介護は、３種類のサービスを
一括して提供する地域密着型サービスである

夜間対応型訪問介護は、**定期巡回サービス**、オペレーションセ
ンターサービス、**随時訪問サービス**を一括して提供する地域
密着型サービスである。サービス提供時間は、夜間対応型訪問
介護事業所ごとに設定することができるが、最低限 22 時から
翌朝６時までの間は含めなければならない。

認知症対応型共同生活介護は、１ユニットあ
たりの入居定員は５人以上９人以下である

認知症対応型共同生活介護事業所（グループホーム）は、原
則最大２ユニットまで（必要と認められる場合は３ユニット）
運営できる。また、居室、居間、食堂、台所、浴室、消火設備
などの設備を整備する必要がある。１居室の定員は、原則とし
て１人であるが、利用者の処遇上必要と認められる場合には２
人とすることができる。

 チームアプローチでは、医療関係者や福祉サービス関係者などと連携を図る。

社会福祉施設等における「非常災害に関する具体的な計画」には、年に2回以上避難、救出訓練が義務づけられている

災害時の社会福祉施設は、入所者の安全確保やケアの継続と要援護者の受入れ、居宅サービス利用者の安否確認、避難支援、地域の救援活動の取組みが求められている。

チームアプローチでは、介護福祉職以外との連携も必要となる

チームアプローチでは、医療関係者、福祉サービス関係者などのさまざまな職種との連携が必要となる。

医療関係者
医師、看護師、保健師、歯科医師、薬剤師、栄養士、放射線技師、臨床検査技師、理学療法士（PT）、作業療法士（OT）、言語聴覚士（ST）、義肢装具士等

福祉サービス関係者
介護福祉士、社会福祉士、精神保健福祉士、介護支援専門員、ケースワーカー、ホームヘルパー、民生委員、ボランティア等

A ○ チームアプローチをとることにより、効率的で有効な援助支援を行うことができる。

check!

公認心理師は、公認心理師法に基づいた心理職初の国家資格である

公認心理師は、**心理的支援**が必要な利用者の心理状態を観察、分析し、心理に関する相談、助言、指導などを行う。2018（平成30）年より国家資格に加わった。介護実践の際は、多職種が**専門性**を発揮し、利用者を支えるための連携により効果的なサービスを提供し、統合的にチームアプローチを実践する。

覚えよう

《リハビリテーションにかかわる専門職》

●国家資格	●民間資格
医師（リハビリテーション医）	医療ソーシャルワーカー
看護師、保健師	臨床心理士
理学療法士（PT）	障害者職業カウンセラー
作業療法士（OT）	職場適応援助者（ジョブコーチ）
言語聴覚士（ST）	認定介護福祉士
義肢装具士	音楽療法士
視能訓練士	健康運動指導士
社会福祉士	
介護福祉士	
精神保健福祉士	
公認心理師	

 Q 日常生活を営むのに必要な身体機能改善や機能訓練は、作業療法士が行う。

理学療法士は、主に基本的動作能力の回復を図るため、理学療法を行う

●リハビリテーション関係専門職の主な業務

専門職種	主な業務
理学療法士 （PT）	医師の指示のもと、身体機能に障害のある人に対し、主に基本的動作能力の回復を図るため、治療体操などの運動、電気刺激、マッサージ、温熱などの理学療法を行う
作業療法士 （OT）	医師の指示のもと、身体機能や精神機能に障害のある人に対し、主に応用的動作能力や社会適応能力の回復を図るため、手芸や工作などの作業療法を行う
言語聴覚士 （ST）	医師または歯科医師の指示のもと、診療の補助として、音声機能、言語機能、聴覚に障害のある人に対し、嚥下訓練や人工内耳の調整など、機能の維持・向上を図るための訓練・検査・助言などを行う
義肢装具士	医師の指示のもと、主に石膏包帯（ギプス包帯）などを使用して、立体的に身体の型をとる方法（採型）や、身体の輪郭をトレースし寸法を記録する方法（採寸）で、義肢・装具の型をとり、製作し、身体に合わせることを行う
視能訓練士	医師の指示のもと、視能検査を行うとともに、斜視や弱視の障害をもつ者に対し、視機能向上のために訓練治療を行う
精神保健福祉士	精神機能に障害がある人の生活問題や社会問題の解決のための援助や、社会復帰を支援するために、本人とその家族に対し、相談援助を行う。主治医の意見を聞き、指導を受けるが、医師の指示によって業務を行うものではない

A　×　日常生活を営むのに必要な身体機能改善や機能訓練は、理学療法士が行う。

地域包括支援センターには、保健師、社会福祉士、主任介護支援専門員が配置される

地域包括支援センターには、**保健師**、**社会福祉士**、**主任介護支援専門員**が配置される。

なお、地域包括支援センターの適切な運営を確保するため、各市町村に**地域包括支援センター運営協議会**が設置されており、地域包括支援センターに対して意見を述べることや、指定介護予防支援の委託に関する話し合いなどを行う。

地域ケア会議は、地域包括ケアシステムの実現に向けた手法の1つである

地域ケア会議は、高齢者個人に対する支援の充実と、それを支える社会基盤の整備とを同時に進めていく、地域包括ケアシステムの実現に向けた手法で、市町村に設置の**努力義務**が課されている。**市町村**や**地域包括支援センター**が主催し、自治体職員、介護支援専門員、介護事業者、民生委員、医師、看護師、薬剤師、管理栄養士など、議題に合わせて必要な専門職が参加して行う。

 地域包括支援センターには、保健師、社会福祉士、主任介護福祉士の3職種が配置される。

利用者の安全確保のため、利用者を観察し状況を把握する技能が必要となる

介護福祉職は、自分の**五感**を使って利用者の状況を**観察**し、利用者に異常を発見した場合、状況に応じて医療関係者等に連絡・相談する。医療の専門家ではないので勝手に判断しない。

●観察ポイント

皮膚の観察	乾燥の状態、発赤など褥瘡（じょくそう）の兆候
脱水症状	肌、唇、舌、腋の下（腋窩（えきか））の乾き
嚥下（えんげ）の確認	むせる、苦しそうな表情をする、いつもと違う音がするときは誤嚥（ごえん）を疑う
尿　量	水分摂取量と尿量に注意する
呼吸数と呼吸の状況	成人の標準呼吸回数は 1 分間に 15 ～ 20 回。呼吸の辛さの有無、安定度、喘鳴（ぜんめい）に注意
体　温	成人の体温は腋の下（腋窩）体温で 36 ～ 37℃程度。35℃以下で低体温となる
脈　拍	成人の通常脈拍は 1 分間で 60 ～ 80 回程度。90 ～ 100 以上が**頻脈**、60 以下が**徐脈**、乱れがある場合は**不整脈**
血　圧	正常は最高血圧120mmHg 未満、最低血圧80mmHg 未満
精神的変化	うつ状態と認知機能の低下に注意

⑥ 介護実践における連携　⑦ 介護現場の安全管理

×　地域包括支援センターには、保健師、社会福祉士、主任介護支援専門員の 3 職種が配置される。

薬の使用を勝手に中止してはいけない

医師から処方されている降圧剤や抗精神病薬は一定量の継続した服用が必要なので、調子がよいからといって服薬をやめることは危険である。

重大事故の裏に、多数のヒヤリハットが存在することを、ハインリッヒの法則という

1つの重大事故の裏には、多くの軽微な事故とヒヤリハット（インシデント）が存在する。これらに気をつけることが、安全な介護につながる。

ノロウイルスによる食中毒は、冬に発生しやすい

ノロウイルスによる食中毒は、夏よりも冬に多く発生する。二枚貝などを十分加熱しない場合に起こりやすい。患者の吐瀉物や便等の排泄物から二次感染を起こすので注意が必要である。

 スタンダードプリコーションは、感染症の有無に関係なく、すべての利用者に対するケアの際に必要な共通の予防策である。

check!

利用者の感染症予防を図り、介護福祉職自身が感染源とならないようにする

利用者は免疫力・抵抗力が低下していることが多い。そのため、感染しやすいので、介護福祉職は利用者の感染予防のために、**清潔**や**湿度・温度**などの環境に配慮する。それと同時に、介護福祉職自身が感染の**媒体**とならないように、手洗い・うがい、手指消毒、使い捨てのマスク・エプロン・手袋の着用を励行し、自分自身も免疫力を高め、感染症予防を心がける。

check!

スタンダードプリコーションでは、あらゆる人の血液や体液などには感染性があるととらえて扱う

スタンダードプリコーション（**標準予防策**）は、すべての人が感染症にかかる可能性があると考え、あらゆる人の血液、体液、分泌物、創傷のある皮膚、粘膜には感染性があるととらえて扱うことを基本としている。感染症の有無に関係なく、すべての利用者に対するケアの際に必要な共通の予防策である。

 ○ スタンダードプリコーションでは、あらゆる人の血液や体液などには感染性があるととらえて扱うことを基本としている。

介護福祉職は、自分自身の心と身体の調子を整えることが必要である

●介護福祉職の健康管理の基本

- 腰痛などの予防のため、負担の少ない筋肉の使い方（ボディメカニクス）をする
- 筋力を鍛えるよう心がける
- 十分な睡眠と休養をとる
- ストレスをうまく解消する
- 栄養バランスのとれた食事をとる
- 規則正しい生活を心がける
- 定期的に健康診断を受ける

従業員が50人以上の職場には、衛生管理者や産業医の配置が義務づけられている

労働安全衛生法では、事業者に対して職場の安全と衛生を確保するための体制づくりを義務づけている。また、従業員が50人以上の事業所に「ストレスチェック制度」も義務づけられている（50人未満は努力義務）。

領域Ⅱ：介護

5 コミュニケーション技術

介護福祉職は、アサーティブ・コミュニケーションも技術の1つとして求められる

アサーティブ・コミュニケーションとは、**相手の気持ちを尊重**しながら自分の気持ちを伝えるコミュニケーションのことである。介護福祉職は、一方的に自分の主張を述べるのではなく、利用者の思いを尊重しながら、自分の意見を率直に伝えることが重要である。

コミュニケーションは、双方向のやりとりであることが重要である

コミュニケーションは、一方的な情報伝達ではなく、**双方向の**やりとりであることが重要である。利用者が発した言葉を介護福祉職がしっかりと受け止め、介護福祉職としての考えを言葉や態度で利用者に返すという「言葉や意思のキャッチボール」をすることで、利用者と介護福祉職の**信頼関係**が築かれていく。

 介護福祉職は、利用者の言語的コミュニケーションだけでなく、非言語的コミュニケーションにも注目する。

5

コミュニケーション技術

check!

円滑にコミュニケーションを図るためには、信頼関係（ラポール）を築くことが大切である

利用者を支援するためには、利用者とよいコミュニケーションを取り、利用者を理解することが欠かせない。そのためには利用者との間に**信頼関係（ラポール）**を築く必要があり、その土台となるのは利用者の介護福祉職に対する安心感である。利用者の訴えを**傾聴**し、十分なコミュニケーションを図ることで利用者のニーズを把握することができる。

check!

① コミュニケーションの基本

介護福祉職は、利用者の非言語的コミュニケーションにも注目する

利用者の理解のためには、**非言語的コミュニケーション**が重要となる。利用者のしぐさや表情、まなざし、語調などの**非言語的コミュニケーション**を観察することによって、利用者の心の声を聴き取る努力をすることが大切である。

○ 介護福祉職は、利用者の声の調子、顔の表情、身体の動き等の非言語的コミュニケーションを観察することで、利用者の心の声を聴き取る努力をする。

check!

イーガンは、利用者への関心を表す態度を「SOLER」としてまとめた

●イーガンの5つの基本動作（SOLER）

①	S	Squarely ………	利用者とまっすぐ向かい合う姿勢
②	O	Open …………	利用者に対して開いた姿勢をとる
③	L	Lean …………	利用者のほうに少し身体を傾ける
④	E	Eye Contact …	適度に利用者と目を合わせる
⑤	R	Relaxed ………	リラックスして話を聴く

check!

共感を基礎として、相手の意見を明確にし、言い換え、焦点化、要約をする

会話を1つの方向へまとめるための主な技法として、**明確化**、**言い換え**、**焦点化**、**要約**がある。これらの技法によって、話が整理され、利用者の考えや疑問が明らかになる。そのうえで利用者や家族が問題に直面して自分の問題としてどうすべきか取り組めるように促す。こうした働きかけの結果として、利用者や家族の**同意**が得られるだけでなく、介護福祉職が伝えたいことを理解してもらうことができる。

 援助者は専門家として、利用者に問題の解決策を指導することが望ましい。

check!

援助関係は、バイステックの7原則を心がける

バイステックの7原則とは、援助関係における最も基本的な原則である。

①個別化	ほかの誰でもない、利用者その人のさまざまな事情を尊重する
②自己決定	決定するのは利用者本人である。援助者は利用者自身が決定できるように支援をする
③受　容	利用者の言動や態度をそのまま受け入れること
④非審判的態度	利用者の価値観を尊重する。援助者自身の価値観で利用者の行動を批判しない
⑤意図的な感情表現	利用者が自分自身の感情を率直に出すことができるように、意図的に働きかける
⑥統制された情緒関与	援助者が自分の感情を自覚しつつ、利用者の訴えや感情をくみ取り、共感をもって理解しようと努める
⑦秘密保持	利用者に関する情報は、本人の承諾なしには他者に知らせない

5

コミュニケーション技術

① コミュニケーションの基本

 × バイステックの7原則にもあるように決定するのは利用者本人であり、援助者は自己決定の支援を行う。

利用者の家族と信頼関係を形成するためには、話し合いの機会を丁寧に持つ。

利用者本人の希望を把握するとともに家族の希望も把握し、**調整**することも介護福祉職には求められる。そのため、一度きりの話し合いではなく、**丁寧に時間をかけて**信頼関係を形成していく姿勢が求められる。

話し方に障害がある利用者の場合も、じっくり話を聴く

利用者が言語障害などのために話がたどたどしいような場合でも、先回りせずに、理解しようとじっくりと話を聴くことが大切である。それが利用者の**自尊心**を尊重することになり、介護福祉職への信頼につながる。また、利用者にとって、格好の**リハビリテーション**にもなる。

 視覚機能に障害がある場合は、音声情報や触覚で得られる情報で補う。

視覚障害のある利用者とは、聴覚機能や触覚機能を活用してコミュニケーションを図る

利用者の視覚機能に障害がある場合は、目だけでは十分に得られない情報を、**音声情報**や**触覚**で得られる情報で補う。状況を**クロックポジション**で説明したり、視覚障害者用拡大読書器や点字の使用で文字情報を提供するとよい。言語的コミュニケーションは取れるが、非言語的コミュニケーションは十分取れないため、介護福祉職は言葉によって表現できるよう留意する。点字器、点字ディスプレイ、点字図書などは、**日常生活用具**の給付対象品目となっている。ただし、点字の習得は容易ではないため、**中途障害者支援**には点字が有効でないこともある。

●日常生活用具の給付対象品目例
- 点字ディスプレイ
- 点字器
- 点字タイプライター
- 視覚障害者用ポータブルレコーダー
- 視覚障害者用活字文書読み上げ装置
- 視覚障害者用拡大読書器
- 盲人用時計
- 視覚障害者用ワードプロセッサー（共同利用）
- 点字図書

 ○ クロックポジションや視覚障害者用拡大読書器、点字等を使用するとよい。

中途失聴者では、手話によるコミュニケーションは難しいことが多い

手話を習得するには、相当な訓練が必要で、中途失聴者が使いこなすのは困難なことがある。その場合は、一度習熟している文字を用いたコミュニケーションである**筆談**や**要約筆記**を用いたほうが、正確なコミュニケーションを取りやすい。

中途失聴者も、簡単な読話はできるようになる

読話は、話している相手の口の動きや表情から話を読み取るもので、読み取れるようになるまでには訓練が必要であり、またすべてを読み取れるものではない。しかし、中途失聴者も、訓練すれば簡単な読話はできるようになる。

 中途失聴者とコミュニケーションを図る際は、手話の活用が最も有効である。

高齢者の難聴の兆候の１つに、耳鳴りを訴えるということがある

高齢者の難聴の兆候には、聴いているテレビの音が大きくなる、後ろから声をかけても振り返らない、会話でつじつまの合わないことを言う、**耳鳴り**を訴えるなどがある。

失語症の種類に合わせ、コミュニケーション方法を工夫する

●失語症の種類

運動性**失語**（ブローカ失語）	聴く内容は理解できるが、話すことは流暢<small>りゅうちょう</small>でなく、復唱がうまくできない。漢字の読み書きはできるが仮名を間違えやすい
感覚性**失語**（ウェルニッケ失語）	聴く内容が理解できない。流暢に話すが、支離滅裂で、何を言っているかまったくわからないこともある（ジャーゴン）。復唱は困難である。読み誤りに気づかない、書き誤りが甚だしい
全**失語**	すべての言語機能が障害される
失名詞（失名辞）**失語**	聴くことを理解し、流暢に話し、復唱も良好であるが、事物の名前が出てこない
伝導**失語**	聴くことを理解し読解も良好である。復唱が困難で、言い間違いが多いが自分で直そうとする

5
コミュニケーション技術

② コミュニケーション技法の活用

× 中途失聴者の場合、手話を習得しているとは限らないため、最も有効であるとはいえない。

構音障害では、筆談や食道発声法、人工喉頭などが有効である

言語機能障害には、**構音障害**と**失語症**がある。脳血管疾患の後遺症で発音に重度の運動障害性構音障害がある場合には、**五十音表**を使用することがある。失語症は、脳血管障害などにより言語中枢が損傷を受けるものであり、一度獲得した言語が思い出せない状態で五十音表から文字を選ぶことは苦痛なものとなり有効でない。

重度の失語症の利用者には、「はい」「いいえ」で答えられる質問をするとよい

失語症の利用者とのコミュニケーションのためには、わかりやすい言葉を用いる、ゆっくりと話すなどの工夫が必要である。また、**オープン・クエスチョン**よりも**クローズド・クエスチョン**を用い、簡単な言葉で答えられる質問にするほうが有効である。また非言語的なメッセージも重要である。

 失語症の場合は、五十音表を用いてコミュニケーションを図ると有効である。

check!

記録の保管は、利用者のプライバシーの保護を心がける

個人情報を保護することは非常に重要である。介護記録には、利用者の**プライバシー**にかかわる情報が多く記載されているので、管理には十分に注意を払い、関係者以外がもち出すことのないようにする。なお、介護記録を記入する際は、通常、ボールペンを用い、記録は、介護の完結の日から**2年間**保存する。

check!

報告は、相手がしっかりと把握できるように客観的な事実を正確に伝える

報告は、「誰が、いつ、どこで、何があった」という**客観**的な事実を**正確**かつ**簡潔**に伝える必要がある。
報告する際に、自分の考えや推測などを交えてしまうと、報告する相手がその状況などを十分に把握することはできない。自分の考えや推測を伝える必要がある場合には、報告内容と区別する。

　× 五十音表を用いてコミュニケーションを図ると有効なのは、構音障害の場合である。

記録の内容は、時間、場所、行為者、原因、状態などを記す

複数の介護福祉職によるサービス提供には、すべての介護福祉職がチームとして**共通認識**をもつことが必要なので、記録の共有が役立つ。記録内容は、事実をありのままに記載することが大切である。客観的で冷静な態度で、「いつ」「どこで」「誰が」「何を」「なぜ」「どのように」の5W1Hを踏まえて記録する。主観的な書き方では他の関係者に理解できないので避けるべきである。

ケアカンファレンスは、利用者のQOL（生活の質）向上の課題解決を進める専門職の会議である

ケアカンファレンスやサービス担当者会議は、ケアプランや個別サービス計画の実施結果を評価し、今後に向けて計画の修正や立案の情報を**共有**する場である。よりよい介護の方法やかかわり方など利用者の意向や希望を踏まえて問題解決に向けて話し合う場でもある。専門職の**役割**を明確にし、**議事録**を作成する。

6 生活支援技術

生活動作は、ADL（日常生活動作）とIADL（手段的日常生活動作）に分けられる

ADL（日常生活動作）とは、整容・更衣・移動・食事・排泄・入浴などを行う生活上の基本的な営みである。IADL（手段的日常生活動作）とは、道具や手段を使って実現が可能な、家事、社会参加、人間関係の維持・構築、経済活動、文化活動などのより複雑で社会的な営みである。

ICF（国際生活機能分類）の視点に立ち、生活機能が向上するよう生活支援を行う

ICFモデルの視点では、「身体的不利がある」というところから出発するのではなく、「心身機能や身体構造が健康状態や環境、活動、参加との関係でうまく機能していない状態である」と考える。うまく機能させるためには、心身機能や身体構造と相互に作用するよう有効な働きかけが必要であり、それによって利用者がその人らしい、**自立**した生活を営むことができる。

Q ADL（日常生活動作）には、社会参加が含まれる。

利用者に、社会的役割や生きがいを与えるような支援をする

社会的役割を自覚することができないと、日常生活が無気力になりやすい。介護福祉職は、利用者が積極的に社会参加し、レクリエーションや趣味などの活動を通して生きがいを感じて生活できるよう支援する。

食事や住環境を、利用者が楽しめるように援助する

介護福祉職には、日常生活行為だけでなく、利用者の生活全般を支援することが求められる。したがって、食事もただ食べさせればよいのではなく、利用者の好みに合い、栄養的にもバランスが取れ、食事の雰囲気を楽しめるものにすることが大切である。住環境についても利用者の居心地のよさを大切にする。

 × 社会参加は、IADL（手段的日常生活動作）に含まれる。

6

生活支援技術

① 生活支援の概要

check!

利用者の身体状況に応じて居住環境を整え、事故の防止や、生活動作の自立を促す

住環境の整備は、利用者の**身体状況**に応じて行うことが求められる。整備のポイントとしては、転倒・転落などの**家庭内事故**を防止すること、ADL（日常生活動作）が自立しやすいような支援であること、**福祉用具**を使いやすい環境にすること、**社会参加**の支援につながるものであることなどがあげられる。

 check!

誰にでも使いやすく設計されたものを、ユニバーサルデザインという

ロナルド・メイスが提唱した**ユニバーサルデザイン**とは、障害や能力にかかわらず誰にでも使いやすく設計されたものを意味し、バリアフリーの考え方の普及によって広がった。

●ユニバーサルデザインの7原則

①どんな人でも公平に使えること	⑤うっかりミスが**危険**につながらないこと
②自由に使えること	⑥**弱い力**でも使えること
③使い方が簡単で、すぐにわかること	⑦利用するための十分な大きさと空間を確保すること
④必要な情報がすぐにわかること	

 トイレには、内開きの扉を設置する。

check!

6

生活支援技術

② 居住環境整備

生活空間とは、利用者が生活を営む場のことである

●安全で心地よい生活の場をつくるためのポイント

場　所	望ましい条件
居　室	• 1階にあること • トイレ・浴室・洗面所が近いこと • 寝食分離や家族とのだんらんがしやすいこと • ベッドの高さは寝たきりや全介助の場合65cm程度、利用者が動ける場合は40～45cm程度であること　　　　　　　　　　　　　　など
玄　関	• 扉が引き戸であること • 車いすを使う場合などでは段差がないこと • 手すりなどつかまるところがあること • 足元灯があり、十分な照明があること • 靴を履くためのいすがあること • 車いすを使う場合などに、十分な広さがあること　　　　　　　　など
廊　下	• 手すりなどつかまるところがあること • 床が滑りにくいこと • 足元灯があり、十分な照明があること　　　　　　　　　　　　　など
階　段	• 勾配が緩やかなこと（30～35度くらい） • 手すりがあること（片麻痺の場合には降りるときに健側になるように設置） • 階段の上と下に照明のスイッチがあること • 滑り止めがあること • 滑りにくい床材であること　　　　　　　　　　　　　　　　　　など
トイレ	• 居室に近いこと • 居室からトイレまで手すりなどつかまるところがあること • 洋式トイレであること • 便座の高さが身体に合っていること • 座る・立つ動作をしやすい位置に手すりがあること • ドアが内開きでないこと　　　　　　　　　　　　　　　　　　　など
浴　室	• 滑りにくい床材であること • 入浴用いす（シャワーチェア）、バスボードなどが利用できること • ドア付近や浴槽への出入り口、浴槽内などに手すりがあること • 浴槽のふちが高すぎないこと（床から40cm程度）　　　　　　　　など

 × トイレの扉を内開きにすると、利用者が中で転倒したときなどに扉が開かないことがある。

部屋を冷房するときは、外気との差を 7℃以内、室温 25 〜 28℃を目安とする

居室の温度と外気の差が大きすぎると、外出時などに身体が適応できず体調を崩しやすい。したがって、暑い時期であっても、外気との温度差は 7℃以内に抑え、室温は 25 〜 28℃とすることが望ましい。また、冷気は床にとどまるので、足元が冷えないようにする。

要介護度の悪化や転居した場合には、住宅改修費の給付を再度受けることができる

過去に支給限度基準額まで住宅改修費の給付を受けていても、要介護者の要介護度が 3 段階以上重度になった場合や、**転居**した居宅に住宅改修が必要な場合には、再度、給付を受けられる。

 住宅改修費の支給限度基準額まで支給を受けた者の要介護度が 2 段階以上悪化した場合は、再度住宅改修費の給付を受けられる。

check!

トイレや浴室のドアは、開き戸より引き戸や折れ戸がよい

トイレや浴室のドアが内開きの開き戸であると、利用者が中で転倒してしまったような場合に、利用者の身体がつかえてドアを開けられないことがある。また、開き戸よりも**引き戸**のほうが操作が楽で車いすにも対応しやすいので、トイレや浴室のドアは**引き戸**や**折れ戸**がよい。

check!

洗面所、浴室、トイレは、利用者の居室に隣接していることが望ましい

洗面所・浴室・トイレは、生活上必ず使うところであるため、利用者の居室に**隣接**し、移動に時間と労力がかからないことが望ましい。

6

生活支援技術

②

居住環境整備

 × ３段階以上悪化した場合である。また、転居した場合も再度給付を受けられる。

脊髄損傷者の車いすは、腰部までのバックサポートを装着しているものがよい

標準型車いすはバックサポートが高く、脊髄損傷者では駆動することが困難である。身体障害者の車いすは、補助具のため障害に応じたものを選択しなくてはならない。

胸髄及び腰髄損傷者が自宅で1人で入浴するためには、移乗台が必要である

脊髄を損傷した部位で、首に近い順に、頸髄損傷、胸髄損傷、腰髄損傷となる。頸髄損傷の場合は、四肢麻痺が生じる。胸髄、腰髄損傷は、両下肢麻痺のため移乗台を活用することで1人で入浴することができるようになる。

 頸髄損傷の場合、下半身麻痺が生じる。

上肢を活用した移乗介助に使用する福祉用具として、スライディングボードがあげられる

下半身麻痺などで、立位保持はできないが一部介助で移乗ができる場合には、**スライディングボード**を用いて滑りやすくすると、**残存能力**を生かした介助をしやすい。

関節に拘縮（こうしゅく）や痛みがある場合、補高便座（ほこうべんざ）を用いる

関節リウマチなどのために関節に拘縮や痛みがある場合には、便座の上に**補高便座**を置いて便座の高さを調節し、立つ・座るといった動作の負担を軽減し楽にする。

歩行が不安定な場合、夜間のみポータブルトイレを使うこともある

ポータブルトイレは、利用者が、尿意・便意があり移動できるものの、歩行が不安定な場合などに用いる。特に居室からトイレが遠いような場合、転倒防止のため**夜間**のみ使用することもある。

 × 下半身麻痺ではなく、四肢麻痺が生じる。

6

生活支援技術

❸ 福祉用具

褥瘡予防用のマットレスなどを適宜用いる

褥瘡の予防には、肌触りがよく縫い目に触れない寝巻きを選ぶ、**通気性**のよい敷物を選び**しわ**をつくらない、布団を干すなどを行うが、十分でない場合は、褥瘡予防用の**マットレス**などを用いる。

福祉用具・介護用品の導入は、利用者本人や家族が決定する

介護福祉職からみて、福祉用具や介護用品の導入が適切と考えられる場合でも、決定するのは**利用者本人**である。介護福祉職は、効果的で使い勝手がよい用具の**情報**を提供する。

移動用リフトのつり具部分は、特定福祉用具販売の対象となる

つり具部分を除く、移動用リフトは福祉用具貸与の対象となる。移動用リフトの1つである階段移動用リフトは、電動モーターで階段や段差を昇降できる。住宅改修が困難なエレベーターのない集合住宅などに居住する要介護者を対象としている。

 福祉用具・介護用品は、介護福祉職が導入を決定する。

身じたくとは、<u>洗顔、歯磨き、整髪、着替え、化粧など、身なりを整える</u>ことである

身じたくは、その人らしい健康な生き方のために欠かせないものであり、社会参加の準備、生活のリズムづくり、自己表現、清潔保持、体温調節などの役割がある。**身じたく**により社会的な生活が送れるようになり、また、生活リズムを整え、適当な体温や衛生状態にすることで、より快適な生活を過ごすことができる。

身じたくに関する<u>アセスメント</u>においても<u>ICF（国際生活機能分類）モデルが役立つ</u>

身じたくという行動は、ICF モデルにおいては**生活機能**の活動にあたる。健康状態、心身機能・身体構造、参加、環境因子や個人因子と相互に関係するため、総合的に評価することが必要である。

6

生活支援技術

③ 福祉用具
④ 身じたく

× 利用者本位の観点から、できる限り利用者本人が決定できるように支援する。また、家族介護者の意見や希望も踏まえる。

整容介助では、ICF（国際生活機能分類）モデルを用いた身じたくのアセスメントを基本とする

整容とは、洗面、ひげそり、化粧、爪切り、洗髪、整髪など**姿を整えること**である。整容介助では、ICF モデルを用いた身じたくのアセスメントを基本に、利用者の身体状況、精神状況、ADL（日常生活動作）、環境などをよく観察・評価し、対応する。整容を積極的に行うか否かは**生活意欲**の程度を表す。

洗髪の介助では、爪を立てずに指の腹で頭皮をマッサージしながら洗う

爪を立てて洗髪をすることによって、爪で傷められた頭皮は乾燥して、ふけや痒みの原因になることから、爪を立てずに指の腹で頭皮を**マッサージ**しながら洗う。また、洗髪前に**ブラッシング**をすることによって、地肌の汚れを浮かせ、頭皮の血行もよくなり、髪のからみも取ることができる。

Q ▶ 片麻痺がある利用者の衣服の着脱介助では、脱ぐときは患側から脱がせる。

義歯の手入れは、歯ブラシと流水で洗い、水か専用の洗浄剤につけ、乾燥を防ぐ

義歯の変形や摩耗を防ぐため、研磨剤入り歯磨剤、漂白剤や熱湯は使わないようにする。総義歯の着脱は、上顎から装着し、下顎から外す。

片麻痺の人には、麻痺側から着せ、健側から脱がせる

片麻痺の利用者に衣類を着せるときは、麻痺側は身体が自由に動かないのであるから、衣類のほうを自由に動かすようにする。したがって、着せるときは、まず麻痺側から行う（着患）。健側は身体が自由に動くので、衣類に麻痺側の手や足が入って、固定されても、問題なく着られる。かぶりの場合は、その後、頭を通す。脱ぐときは逆で、まず健側を脱がせ（脱健）、衣類が自由に動くようになってから麻痺側を脱がせる。

有名な「脱健着患の原則」。お経のように覚えましょう。

6

生活支援技術

④ 身じたく

 × 脱ぐときは健側から脱がせる。

寝たきりの場合は、背縫いのない寝巻きを選ぶ

寝たきりの利用者の場合、**褥瘡**を予防することが大切である。背縫いのある寝巻きでは、縫い目に身体の重みがかかり、皮膚がすれて**褥瘡**になるおそれがあるので避ける。

寝たきりの場合、前開きの寝巻きが着脱しやすい

利用者が寝たきりの場合は、**かぶり式**よりも**前開き**の寝巻きのほうが着脱しやすい。衣類を選ぶときに、介護のしやすさを優先するべきではないが、利用者の身体への負担が少ないように配慮することは大切である。

衣服の選択は、利用者本人の好みや生活習慣を優先する

何を着るかは、着る人の自己表現の1つである。利用者の**好み**、**生活習慣**を優先して選択する。ただし、身体状況に合わせて利用者にとって**安楽**な衣類であることも考慮する必要がある。

 不感蒸泄の機能によって、汗をかかなくとも体内から水分が排泄される。

衣服は、外部からの埃や細菌などから身を守り清潔を保ち、個性を表現するものである

衣服の目的は、体温調節と皮膚の保護など**衛生的機能**と、快適な生活を維持することである。社会の中で風俗習慣など慣例に従い衣服を選択し、**社会生活**を送る必要がある。

下着には、綿や絹が適している

綿や絹などの天然素材は、**吸湿性**と**通気性**に優れているので、**下着**として用いると、皮膚の不感蒸泄（ふかんじょうせつ）（汗をかかなくても体内から水分を排泄（はいせつ）する機能）や発汗の作用を助ける。

外出する際は、気候や社会性と生活習慣に配慮し、着脱しやすい衣服を準備する

車いすでの外出は、利用者が歩かなくても靴を履き、足の保温・**保護**と座位の安定を図る。**社会性**の観点からも靴を履くことが望ましい。体温調節のために着脱が容易な上着等を準備する。

 ○ 綿や絹などの天然素材は、吸湿性と通気性に優れ、皮膚の不感蒸泄や発汗の作用を助ける。

6

生活支援技術

④ 身じたく

check!

身体や精神を長期間使用しないことにより機能が低下した状態を、廃用症候群（生活不活発病）という

廃用症候群（生活不活発病）は、身体や精神を長期間使用しないことによって引き起こされるもので、筋力低下、関節拘縮、褥瘡、抑うつなどがある。また、身体の特定部位を使いすぎたために新たに症状を起こすものを過用症候群、間違った運動方法などにより身体に負担がかかって新たに症状を起こすものを誤用症候群という。

check!

適切な移動介護を行うため、アセスメントにより利用者の心身状態を把握する

移動に介護を必要とする利用者は、その多くが麻痺や運動機能障害などの肢体不自由を抱えているが、その状況は一人ひとり異なる。ICFモデルの枠組みを活用しながらアセスメントを行う必要がある。

 身体の特定部位を使いすぎたために機能が低下した状態を、廃用症候群（生活不活発病）という。

自力で寝返りができない場合、約2時間ごとの体位変換を実施し、褥瘡予防を図る

寝たきり状態にあるなど、自力で寝返りができない場合は、褥瘡が発生しやすいことから、約2時間ごとに体位変換を行うことや、**栄養管理**を徹底することなどによって、褥瘡予防を図らなければならない。寝巻き、寝具は湿潤を避け、清潔を保つ。なお、エアマット等の床ずれ防止用具を使っている際でも約4時間ごとに体位変換を行う。

6

生活支援技術

立位にする場合は、上半身を前に傾斜させる

椅座位や端座位から立位にする場合は、利用者の上半身を**前**に傾けると、腰から上が前方向に出るため**体重**の移動がスムーズになり、立ち上がりやすくなる。

⑤ 移動・移乗

 × 廃用症候群（生活不活発病）は、身体や精神を長期間使用しないことによって引き起こされる。

check!

対麻痺の利用者の車いすへの移乗介助は、臀部をもち上げる

対麻痺で両下肢が麻痺している場合には、利用者は腕を介護福祉職の肩に回し、介護福祉職が利用者の臀部をもち上げて移乗を介助する。相当の重量を支えなければならないので、**ボディメカニクス**を用いて、できるだけ負担を少なくするように行う。

《ボディメカニクスの基本》
介護福祉職の身体にかかる負担を少なくし、利用者を安全・安楽に動かすための介護福祉職の身体の使い方です。

1 **支持基底面**を広くし、重心を**低く**する…両足を広げ、膝を曲げて腰を下げる
2 **骨盤を安定**させる…背筋を伸ばし、腹筋と臀部の筋を引き締める
3 利用者にできるだけ近づく…利用者の**重心**を自分の重心に近づける
4 身体をねじらずに、**腰と肩を平行に保つ**…腰痛予防になる
5 大きい筋を使い、**水平に引く**…腕の筋肉だけでなく、全身の筋肉を使う
6 てこの原理を使う…少ない力で利用者を動かすことができる
7 利用者の身体を小さくまとめる…利用者がベッドと接触する面を**小さく**する

 車いすによる移動介助において、エスカレーターを下りる場合は、車いすを後ろ向きにして乗りこむ。

車いすで砂利敷きの場所を通るときは、キャスタ（前輪）を上げる

車いすで外出する際には、道路面が不整備であると利用者は振動を受けて不快である。砂利敷きの場所を通るときには、介護福祉職は車いすの**ティッピングレバー**を踏んで**キャスタ**を上げて振動が少なくなるように工夫する。車いすを動かすときには、**フットサポート（フットレスト）**に足がのっていることを確認する。

移動は、バリアフリーに配慮した安全なルートを選択することが重要である

利用者の体力や疾病、傷害に配慮して、安全な移動の方法や距離とルートを適切に選ぶことが重要である。車いすでの昇降は遠回りになってもエレベーターを利用するのが原則である。エスカレーターを下りる場合には、**後ろ**向きにしてブレーキを**かけず**に介護福祉職は車いすの後方からしっかりと支える。

 ○ 車いすでやむを得ずエスカレーターを利用する場合は、すぐに動けるように車いすのブレーキをかけずに、介護福祉職は車いすの後方から身体全体でしっかりと支える。

6

生活支援技術

⑤ 移動・移乗

車いすの移動では、短時間停止する場合でも必ずブレーキをかける

車いすが動いてしまうと大変危険なので、たとえ短時間の停止でも必ずブレーキをかける。ただし、**エスカレーター**に乗るときには、すぐ動けるようにブレーキをかけない。

車いすで電車を利用するときは、事前に利用する駅に連絡することが望ましい

駅にあらかじめ**連絡**しておくと、移動が速やかにできるように駅員が準備してくれるので、安心感と快適さが増す。

視覚障害者の外出に同行するときは、介護福祉職が半歩前に位置する

視覚障害者の外出同行時、介護福祉職は利用者の**半歩前**に位置し、介助（**手引き歩行**）する。階段は、利用者に手すりをもってもらうよう声かけをする。

 視覚障害者の外出に同行する場合、介護福祉職は利用者の半歩後ろに位置する。

麻痺側の手指の関節は、屈曲拘縮^{くっきょくこうしゅく}をきたしやすいので注意する

麻痺側の手指は、身体の内側に向けて曲がって固まりやすい。また、下肢は内側に向けてつま先立ちのような姿勢（尖足^{せんそく}）になり**拘縮**が起きやすい。予防・改善には、関節を曲げ伸ばしたり回転させたりして関節可動域を維持・拡大する**関節可動域運動**を行う。

6

生活支援技術

杖を使う歩行は、杖→麻痺側→健側の順に進み、介助は麻痺側から行う

歩行するときは、健側の手にもった杖を前に出し、頼れる状態にしてから麻痺側を進め、最後に健側を引きつけて身体の安定を回復する。介護福祉職は、利用者の**麻痺側後方**に立ち、支えられるようにする。①杖を前につき、②麻痺側の足を出し、③健側の足を出しそろえる歩き方を、**三動作歩行**という。

⑤ 移動・移乗

 × 介護福祉職は利用者の半歩前に位置し、手引き歩行する。

T字杖を用いて歩行する左片麻痺の利用者が20cmの幅の溝をまたぐ時は、杖は障害物の向こう側に突くように支援する

杖を用いた片麻痺の人が障害物を越える時の介護方法は、①介護福祉職は利用者の**患側後方**に立ち、利用者の患側前腕を支える、②利用者の**健側**で杖を持ってもらい、杖は障害物の向こう側（進む先）に突いてもらう、③患側の足を出して、障害物を越える、④健側の足を出して障害物をまたぎ、両足を揃える。左片麻痺の利用者が入浴する際は、右足から浴槽に入る。

自立に向けた移動の介護では、他の職種との連携が大切となる

居住環境の整備により、活動できる範囲が広がる。居住環境整備は、介護支援専門員等の福祉関係者、医師や理学療法士等の医療関係者、建築士等の建築関係者と**連携**して進めることが有効である。住宅改修費の給付には**介護支援専門員**等による「住宅改修が必要な理由書」が必要となる。

 食事は必要な栄養素を摂取することだけでなく、家族や他者との交流の場でもある。

食事は、必要な栄養素を摂取することだけが目的ではない

食事は、生命維持と活動のために必要な栄養素を摂取するだけでなく、毎日の生活の中の大きな**楽しみ**でもある。また、食事をとることが他者との**団らん**や**交流**をはかる機会になることもある。食事においては、**誤嚥**などを防ぎ、安全に美味しく食べることを支える介護が求められる。

よりよい食事の介護に向けて、食事に関するアセスメントを多面的に行う

ICF モデルに則って観察すべきポイントをあげ、利用者の健康状態や生活機能などを把握する。アセスメントに基づいて、必要な栄養素が摂取できるように、利用者の生活歴・好み・**文化的な背景**等も考慮した食事を用意することが望ましい。また、**摂取方法**にも留意する。

　○　食事は生活の中の楽しみの一つでもある。生命維持のための必要な栄養素を摂取することとともに、安全でおいしく食べることへの支援が求められる。

6

生活支援技術

⑤ 移動・移乗

⑥ 食事

143

食事の際は、雰囲気づくりにも配慮する

食事介助では、食事が単なる栄養補給にならないよう、利用者が楽しめる**雰囲気づくり**が大切である。

《食事介助のポイント》
・食事前に排泄を済ませる
・食事場所を整える
・食事をとりやすい体位にする
・食事をとる体勢を整える
・使いやすい介護用食器を選ぶ（頭部を後屈させない）
・利用者ができるだけ自分で食べられるようにする

座位が取れない人の食事介助は、ベッドを30度程度起こす

座位が取れない利用者の場合は、誤嚥（ごえん）を防ぐように注意しなければならない。臥位（がい）では誤嚥の危険が高いので、身体が傾かない30度程度の角度にベッドを起こして食事介助をする。

 血清アルブミン値は、低栄養状態を判断する指標の1つである。

check!

顔面の片麻痺がある場合、食物残渣（ざんさ）は麻痺側に残りやすい

麻痺があると感覚が鈍くなり、また動作も思うようにできない。口中も同様であって、食物のくずやかけらは、**麻痺側**にあると感じにくく、また排出する動作もスムーズではないため、口中に残りやすい。

check!

食欲や食事の状況は、健康状態のバロメーターになる

食欲不振が口腔内（こうくう）の状況悪化に気づくきっかけになるなど、食事の状況は健康状態のバロメーターになる。心身の悪化が予想される場合には、医師、看護師、歯科医師に連絡し対処する。また、よりよい食事内容を提供するためには、栄養士、調理師、介護支援専門員等との**連携**が大切である。**低栄養**状態を判断するための指標には、食事摂取量、体格指数（BMI）、体重減少率、血清アルブミン値などがある。

6

生活支援技術

⑥
食事

○ 低栄養状態を判断する指標として、食事摂取量、体格指数（BMI）、体重減少率、血清アルブミン値などがある。

食事摂取中にむせ込んだ場合は、しっかりと咳を続けてもらう。

食事中に利用者がむせ込み始めた場合は、①**前屈姿勢**、②口腔内に**食べ物**が残っていないか確認、③口腔内の食べ物は**飲み込まないように声をかける**。咳を続けることで気管に入った食べ物を外へ吐き出すことが可能となる。

誤嚥を防ぐには、食事をゼリー状にするなどの工夫をする

誤嚥を防ぐためには、食事がのどを通りやすいように工夫する。具体的には、**ゼリー状やマッシュ状**にする、でんぷんを用いて**とろみ**をつけるなどの工夫をし、誤嚥しやすい海藻や餅などの粘着性の食品、豆、ぱさぱさした食品を避ける。細かく刻んだ場合は、**とろみ**をつけて飲み込みやすくする。

 好ましい 避けるべき

ゼリー状　　マッシュ状　　こんにゃく　　大豆　　ピーナッツ

 誤嚥のおそれがある利用者に対しては、料理にとろみをつけるなど、食事を工夫することが大切である。

視覚障害者にはクロックポジションの方法を用い、自分で食事ができるよう支援する

クロックポジションとは、時計の文字盤の位置を利用して、**視覚障害者**に物の位置を知らせる方法である。例えば、2時の方向に焼き魚がある、というような使い方をする。さまざまに工夫して、利用者が自分でできることが増えるように支援する。

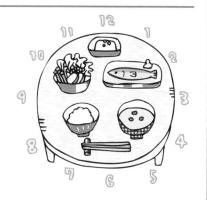

6

生活支援技術

高齢者は脱水を起こしやすいので、できるだけ水分を摂取できるようにする

お茶や水などの飲み物を用意してまめに摂取を促すほか、汁物に**とろみ**をつけたり水分の多い食事内容にしたりするなどの工夫をする。**脱水予防**の食品としては、スポーツドリンク、みそ汁、すいか、ヨーグルトなどがある。

⑥
食事

 ○ とろみをつけるなどのほか、ゼリー状やマッシュ状にすることで誤嚥予防をする。

入浴前には、健康状態や気分などを把握する

入浴には、清潔を保てる、気分が爽快になるなどの効果があるが、**事故**が起こりやすく、**体力**を消耗する行為でもある。したがって、入浴前には健康状態（バイタルサイン）のチェックを行う。体調不良がはっきりと数字に表れないこともあるので、利用者の気分がすぐれないときは無理に勧めない。また、**空腹時**や食事の直後の入浴は避ける。**バイタルサイン**は、全身の状態を示す数値で、正常値の目安は次の通りである。

呼　吸	15 〜 20 回 / 分
脈　拍	60 〜 80 回 / 分
体　温	36.5℃前後、高齢者は低くなる
血　圧	最低血圧 80mmHg 未満、最高血圧 120mmHg 未満

入浴介助時、弱酸性の石鹸を使用する

皮膚は**弱酸性**のため、石鹸等の成分は、弱アルカリ性ではなく、**弱酸性**が適している。洗体するときは石鹸をよく泡立てて、利用者の皮膚を強くこすらないようにする。

 空腹時や食事直後の入浴は避ける。

入浴に関するアセスメントを行う

入浴は、体力を消耗する活動であり、また**感染症**を媒介する危険性もあるため、健康状態の観察が重要となる。また、極めて個人的な活動のため、好みなど個別性を重要に考えて**個人因子**が大切になる。ICF（国際生活機能分類）の視点で観察すべきポイントをあげ、利用者の健康状態や生活機能などを把握する。

脱衣室・浴室、トイレと居室などの室温差がある場合、ヒートショックを起こしやすい

入浴時の脱衣や、冬季、深夜早朝に居室との**温度差**が大きい場所に移動すると、血管が急に伸縮し、血圧が上昇したり下降したり変動が起こる。この状態をヒートショックという。**急激な血圧変動**により**心筋梗塞**や**脳血管疾患**などを引き起こす危険性が高まる。

6

生活支援技術

⑦ 入浴・清潔保持

 ○ 空腹時や食事直後の入浴は避け、入浴の前には健康状態をチェックする。

湯の温度は、必ず介護福祉職の肌で確認し、身体の末梢から心臓に向かって湯をかける

シャワーの場合40℃前後が適当だが、数値のみに頼らずに、温度や強さ（湯圧）は介護福祉職が**自分の肌**で確認する。麻痺がある場合は、利用者の健側で湯温を確認してもらう。また、心臓への負担が少ないように、指先から肩へ、つま先から大腿部へというように、**末梢から心臓**に向かって徐々に湯をかける。また、高齢者は皮脂が減少して外部刺激を受けやすいので、強くこすりすぎないように配慮する。なお、乾燥箇所に保湿クリームを塗布すると予防することができる。

入浴後は、水分補給をして休養をとらせる

入浴後は身体を拭き冷やさないようにし、必ず**水分補給**をする。また、入浴は体力を消耗するので、ゆっくり休ませる。浴槽に浸かるのは5〜10分を目安に、入浴時間は長くなりすぎないよう気をつける。利用者同様に介護福祉職も水分補給を行う。

 入浴後、利用者は発汗しているため、水分摂取を制限する。

清拭には、55～60℃くらいの湯を用いる

55～60℃くらいの湯を用いて清拭を行うと、汚れをとるだけでなく、マッサージ効果やリラックス効果も期待できる。清拭は身体が冷えやすいので、**室内温度を**十分に暖かく保って行う。

〈顔の清拭の手順〉

●清拭の標準的な手順

①蒸しタオルを使って温める
②弱酸性の石鹸をつけたタオルで拭く
③湯につけたタオルを絞り、石鹸を拭きとる
④乾いたタオルで拭きとる

目頭から目尻へ一方通行で清拭する

6

生活支援技術

洗髪には、利用者の社会参加を促す効果もある

洗髪は、頭皮と毛髪の汚れをとり、においを除去するものであるが、次のような効果もある。

- 頭皮と毛髪が清潔になることで気分が**爽快**になる
- 頭皮をマッサージすることで**血液循環**がよくなる
- においや汚れという他人に嫌われる要素を除くことで、**社会参加**が促される
- 長期臥床している場合、洗髪の前にブラッシングし、髪のもつれやほこりをとり、ドライシャンプーやケリーパッドを利用して洗髪する

⑦ 入浴・清潔保持

 × 入浴後には、利用者に対し、十分に水分を補給してもらい、保温・静養を図るように支援する。

心疾患があったり体調がすぐれない利用者には、シャワー浴や部分浴を実施する

利用者に心疾患などの疾病がある場合には、主治医の指示のもと、シャワー浴や部分浴を実施する。シャワー浴は、心疾患がある場合などは、入浴より身体への負担が少ない。

手浴や足浴は、清潔保持・爽快感・安眠などに効果がある

手浴や足浴は体調不良などで入浴できないときに、手だけあるいは足だけを湯につけて温め、清潔にするものである。清拭以上の爽快感を得ることができ、血行の促進につながるので寝つきがよくなる。足浴の湯温は 37 ～ 39℃くらいを保つようにする。四肢麻痺の利用者には、介護福祉職が利用者の上肢、下肢をしっかり支えながら手浴や足浴を行う。

Q 手浴や足浴は清潔保持のほか、安眠にも効果がある。

check!

排泄の自立は、人の尊厳を保持するうえで重要である

排泄は、人間の生命活動にとって最も基本的なものの1つであり、健康状態を端的に表すものである。排泄は極めて個人的な事柄であるため、排泄が自立していることは人の尊厳にとって重要である。排泄の介助では、ICFモデルに則って観察すべきポイントをあげ、広い視野でアセスメントを行う。

check!

介護福祉職は、利用者の自尊心、羞恥心に配慮して介助する

利用者は排泄の介助をやむを得ず要請するのである。そのため、介護福祉職は、その要請にいつでも快く応じ、言葉かけや介助に十分配慮して対応する。失禁は、利用者の自尊心を傷つけるので、失禁に至らないようただちに対応する。また、プライバシーを守る工夫も必要である。夜間などは、ポータブルトイレを用いるなど、できる限り排泄の自立を支援する。

6

生活支援技術

⑦ 入浴・清潔保持 ⑧ 排泄

 ○ 手浴や足浴は、血行の促進につながるので寝つきもよくなる。

利用者が安全に安心して排泄できるように、
トイレ環境を整備する

立ち上がり時には、床に対して垂直に手
すりが設置してあると使いやすい。トイ
レでの排泄を維持するためには、トイレ
が居室の近くにある、洋式トイレにする、
便座の高さを身体に合わせる、室温を調
整するなどの配慮が求められる。

和式便器から洋式便器への改修は、介護保険
の住宅改修費の給付対象である

和式便器から洋式便器への取替え（洗浄機能等付きも可）は、
利用者が立ち上がるのが困難な場合等を想定し、住宅改修費
の対象となる。既存の便座に洗浄機能等を付ける変更は対象
とならない。

Q▶ 和式便器から洋式便器への変更は、介護保険の住宅改修費の対象外となる。

尿意・便意があり、座位を取ることができれば、トイレでの排泄が可能である

6

生活支援技術

尿意・便意があり、**座位を取ることができれば**、トイレでの排泄が可能であるため、介護福祉職は、利用者の排泄の**間隔**や**排泄習慣**などを把握し、**トイレ誘導**などを行う。また、利用者自身にできる限り行ってもらい、できない部分を介助することが大切である。女性の場合、尿道に雑菌が侵入するのを防ぐため、**前から後ろ**へ拭いて肛門部(こうもん)を清潔にする。

⑧
排泄

加齢に伴い、尿道付近の括約筋(かつやくきん)が緩くなる

高齢者は、尿道付近の**括約筋**や**骨盤底筋群**(こつばんていきんぐん)の筋力低下のため、排尿を我慢することが難しく、尿失禁を起こしやすい。また、女性では、**腹圧性尿失禁**(くしゃみや咳(せき)などで腹部に力を入れた拍子に尿が漏れる)が多い。治療には**骨盤底筋訓練法（ケーゲル法）**が有効である。

 ×　和式便器から洋式便器への変更は、介護保険の住宅改修費の対象となる。

尿失禁のある利用者に、水分量を制限しては
いけない

尿失禁があると、利用者自身が失敗をおそれて水分摂取を控
えようとしやすい。しかし、水分制限をすると、**脱水**になりやす
く**尿路感染症**にもかかりやすくなるので、水分制限をしては
いけない。

下痢を起こしている場合は、十分に水分補給し、おむつが汚れ
ている場合は、皮膚のかぶれ、感染に注意し交換を行う。

認知機能の低下による、機能性尿失禁が夜間
ある場合、トイレの照明をつけ、ドアを開け
ておく

機能性尿失禁は、尿道・膀胱・直腸に病気があるわけではなく、
トイレまでの**行き方**やトイレの**場所**が認識できないことが原因
で起こる失禁である。

 おむつ交換をするときは、尿道から肛門の方向へ向けて拭き取る。

check!

片麻痺のある人のおむつ交換は、麻痺側が下になる時間を短くする

麻痺側はあらゆる感覚が鈍くなっているので、麻痺側が下になることで皮膚が傷んだりしてもわからないおそれがある。できる限り麻痺側が下になる時間を**短くする**工夫が必要である。
また、おむつ交換の際は、「失礼します」など、**声かけ**をする配慮が望ましい。おむつ交換時は、陰部の洗浄を丁寧に行い、**尿道**から**肛門**の方向へ拭き取り、清潔にする。

6

生活支援技術

check!

自然排便を促す介護として、日中に散歩など活動量を増やすように勧める

高齢者の多くは**便秘**傾向にあるため、介護福祉職は、**水分量**を多く摂取できるような工夫や、**日中活動**を増やすことで自然排便につながる。結腸の蠕動運動を刺激するための歩行や腹部マッサージ、起床後に冷水を飲むことによる胃・結腸反射、便座に座ることによる直腸排便反射を活用し、自然排便を促す。

⑧
排泄

○ 特に女性の利用者の場合、肛門から尿道の方向へ拭くと細菌が体内へ侵入することもあるため、尿道から肛門の方向へ拭き取って清潔にする。

高齢者の便秘を防ぐためには、食物繊維を摂取するとよい

高齢者は、腸の機能（**蠕動運動**）が低下して便秘を起こしやすくなるため、**食物繊維**を多く含む食品を摂取して排便を促す。なお、そのほかの便秘予防には、規則正しく十分な食事量を摂ること、油脂類を摂ること、**適度な運動**をすることなどが有効である。大腸の走行（上行結腸→横行結腸→下行結腸→S状結腸→直腸）に沿って「の」の字に腹部マッサージをすると効果がある。

留置カテーテルを挿入している利用者は、尿道口周辺の清潔を心がける

膀胱<ruby>膀胱<rt>ぼうこう</rt></ruby>留置カテーテルを挿入している場合は、**尿路感染症**を起こしやすいので、尿道口周辺の清潔を保つよう注意する。また、十分に水分を摂取して**尿量**を確保し、**自浄作用**を促す。留置カテーテルを挿入していてもそのまま入浴することはできる。

 膀胱留置カテーテルを挿入している場合は、尿道口周辺の清拭や洗浄の必要はない。

check!

差し込み便器は、便意はあるが<u>トイレへの移動が困難な場合</u>などに、ベッド上で排便・排尿（女性の場合）をする用具である

男女共に、差し込み便器を使用する場合は**肛門部**が便器の中央にくるように注意する。男性の場合は**尿器**を同時に準備する。ベッド上での排泄を説明し、了解を得ること、気兼ねなく一人で排便できる**環境**をつくることが大切である。

6

生活支援技術

check!

利用者に排尿や排便障害がある場合は、<u>医師や看護師と連携し、早期に対応する</u>

利用者に排尿や排便障害がある場合は、医師や看護師と連絡を密にし、**疾患の発見・治療**につなげる。そして**医療的な見地**からのケアに関する留意点を聞き、実践する。また、高齢者は便秘になりやすい傾向にあるため、**食物繊維**が豊富な食事の摂取、**適度な運動**などを行い、便秘の予防を図ることが大切である。そのためには、栄養士・調理師、介護支援専門員とも十分な情報交換を行い、利用者に応じた食事・ケアプランを提供する。

⑧
排泄

 ×　尿路感染症を起こしやすいため、尿道口周辺の清潔を保つ必要がある。

家事には、家計管理も含まれる

家事とは、生活するための衣（洗濯・アイロンかけ・裁縫等）・食（買い物・調理・片付け等）・住（整理整頓・掃除・ゴミ出し・修繕等）に必要な行為である。また、**家計管理**も家事の一部である。介護保険法における訪問介護のうちの**生活援助**や地域密着型共同生活介護のうちの**生活支援**などの業務が家事にあたる。

訪問介護では、生活援助として家事支援を提供している

訪問介護の生活援助では、掃除、洗濯、ベッドメイク、衣類の整理、一般的な調理・配膳、買い物などの家事支援を提供する。**利用者以外**の食事や**行事食**の調理、本人が使わない部屋の掃除、花木への水やり、ペットの世話や散歩などは、生活援助の範囲に含まれない。

Q 家事の介護では、利用者の残存能力を活かして自立を支援する。

check!

利用者のそれまでの生活の営みを継続することができるよう支援する

家事の介護では、利用者の意思と個性を尊重するだけでなく、利用者の**残存能力**を活かして**自立**を支援する。介護福祉職は、利用者の生活の仕方を知り、利用者の意思と個性を尊重した家事支援を行うよう努める。利用者の家事への参加は、利用者の能力を高め、**QOL（生活の質）**を高める。

check!

食の介護では、利用者が低栄養にならないように注意する

高齢者は、日中の活動量が少ないため、食欲が**低下**しやすく食事量が減りやすい。また、咀嚼（そしゃく）しにくい肉、魚類のたんぱく質が摂りにくくなる。低栄養は**褥瘡**の原因ともなるので注意する。

工夫しましょう

 ○　利用者の家事への参加は、利用者の能力を高め、QOL（生活の質）を高める。

6

生活支援技術

⑨
家事

腎不全の利用者への調理では、塩分を控え、レモンや香辛料を活用する

腎臓に疾患がある場合、医師から、**水分**、**塩分**、**生野菜**の制限が出される。調理において、味つけの工夫として**レモン**や**香辛料**を活用するとレパートリーが増える。また、**水分**制限があるため、1日の**水分**摂取量の把握も必要になる。

野菜の調理法のうち、ビタミンCの損失が最も多いのは煮物である

ビタミンCは**加熱**によって破壊される栄養素であるが、調理方法によって損失程度が異なる。損失程度の大きい順に並べると、

| 煮る＞ゆでる＞漬ける＞揚げる・炒める・蒸す | となる。

 刺身などの生魚食では、サルモネラ菌などによる食中毒が起こりやすい。

刺身などの生魚食では、腸炎ビブリオ菌による食中毒が発生しやすい

魚介類とその加工品では、**腸炎ビブリオ菌**による食中毒が発生しやすい。症状としては、腹痛、下痢、発熱、嘔吐がみられる。予防法は、生魚を調理したまな板や包丁で野菜などを調理しないこと、真水で洗うこと、調理後は速やかに食べることなど。

加熱不十分な肉類では、サルモネラ菌などによる食中毒が起こりやすい

加熱不十分な肉類による食中毒の原因細菌には、サルモネラ菌、病原性大腸菌、カンピロバクターなどがある。病原性大腸菌では、**出血性の下痢**など症状が激烈なので注意する。

ノロウイルスは、二枚貝に多く存在する

ノロウイルスは、カキなどの**二枚貝**に多く存在し、生食によって**感染性胃腸炎**を引き起こすと、下痢や嘔吐などの激しい症状が現れる。調理の際は、中心部が85〜90℃で90秒以上加熱する。

 × 刺身などの生魚食では、腸炎ビブリオ菌による食中毒が起こりやすい。

6

生活支援技術

⑨
家事

洗濯の取扱い表示が「新JIS表示」に変更された

2016（平成28）年12月より、衣類などの洗濯表示（取扱い表示）が、「新JIS表示」に変更された。

●新しい「取扱い表示」の記号と意味

記号（付加記号を含む） JIS L 0001 より抜粋	意　味
家庭洗濯の記号 〔40〕〔40〕〔40〕 〔30〕〔30〕〔30〕 〔手〕〔×〕	〔40〕家庭洗濯（洗濯機、手洗い）ができる ・記号の中の数字は洗濯液の上限温度（℃） ・「—」は「線なし」よりも弱く、「＝」は更に弱く洗う 〔手〕「手洗い」をする ・洗濯液の上限温度は40℃ 〔×〕家庭での洗濯はできない
漂白の記号 △ △ △	△ 塩素系漂白剤や酸素系漂白剤で漂白ができる △ 酸素系漂白剤のみが使える △ 漂白剤は使えない
乾燥の記号 ・タンブル乾燥 ⊙ ⊙ ⊠ ・自然乾燥 ▯ ▯ ▭ ▭ ▱ ▱ ▭ ▭	⊙ ⊙ 家庭でタンブル乾燥ができる ・「点（・）」は乾燥温度を表す ・「‥」はヒーターを「強」などに設定する ・「・」はヒーターを「弱」などに設定する ⊠ タンブル乾燥はできない ▯ ▯ つり干しする ▭ ▭ 平干しする ・四角の中の「｜」「—」は脱水後、「‖」「＝」は脱水せず（絞らず）に干す ▱ ▱ 「／（斜線）」はひさしや屋根を表しているので陰干しする
アイロン仕上げの記号 ⌀ ⌀ ⌀ ⌀	⌀ アイロンを掛けることができる ・「点（・）」はアイロンの底面温度の上限を表す ・「…」は200℃（高温） ・「‥」は150℃（中温） ・「・」は110℃（低温）まで ⌀ アイロンは掛けられない

※このほかに、クリーニングの記号（クリーニング店での洗い方）もあります。
　詳細は消費者庁のホームページに掲載されています。

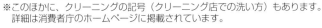

 漂白剤には酸化型漂白剤と還元型漂白剤があり、酸化型漂白剤はすべての繊維に使用できる。

還元型漂白剤は、すべての繊維の白物に使える

漂白剤には、**酸化型**漂白剤と**還元型**漂白剤がある。酸化型漂白剤には**塩素系**漂白剤と**酸素系**漂白剤があり、どちらも毛や絹の漂白には使えないが、**還元型**漂白剤はすべての繊維に使える。

> ◎注意‼
>
> 塩素系漂白剤は、**酸性**の洗剤と混ぜると**塩素ガス**が発生して危険なので、混ぜてはいけない。

ドライクリーニングした衣類は、ビニール袋をはずして保管する

ドライクリーニングした衣類は、ビニール袋から出して風を通した後で保管すると**カビ**が発生しにくい。また、毛（ウール）や絹は虫に食われやすいので、**防虫剤**を用いる。防虫剤には置くタイプや吊り下げるタイプなどさまざまな種類があるが、**併用**できないものも多いので、使用上の注意をよく読んで従うようにする。

6

生活支援技術

⑨
家事

 ×　漂白剤には酸化型漂白剤と還元型漂白剤があり、還元型漂白剤はすべての繊維に使用できる。

喘息のある利用者の自宅の掃除は、掃除機をかける前に床のちりやほこりをモップで取る

掃除の基本は高いところから低い場所へと進める。喘息という疾患があるため、床のちりやほこりをまず除去することで、ハウスダスト等を利用者が吸わなくて済む。

しみ抜きは、しょうゆやジュースは水や温水を使い、口紅やチョコレートはベンジンを使う

●しみの種類としみ抜き方法

しみの種類	しみの性質	しみ抜き方法
①しょうゆ、ソース、ジュース、紅茶	水溶性	水または温水でぬらす→洗剤をつける→綿・ポリエステルはもみ洗い、その他デリケートな素材はたたいたり、ブラシでこする→白物は部分漂白する
②血液	水溶性	必ず水でぬらす→以下①と同じ
③襟汚れ、口紅、クレヨン、チョコレート	油性	ベンジンをつける→洗剤で洗う（温度は高いほうがよい）
④朱肉	油性	エタノールをつける→ブラシでたたく
⑤墨汁	不溶性	歯磨き粉やご飯粒をつける→もみ洗い
⑥泥	不溶性	汚れを乾かす→たたく、もむ、ブラシをかけるなどで落とす→水でぬらして洗剤でもみ洗い

 衣服についた口紅やチョコレートのしみは、ベンジンを使ってしみ抜きをするとよい。

よりよい睡眠をとるためには、日中の活動を充実させることが有効である

●安眠のための援助

- 適度な室温を保つ
- 静かで、適度に暗い環境を整える
- 寝具を温かく、柔らかく軽いものにするなど、**利用者の好み**に応じて工夫する
- **日中の活動を充実させる**
- 昼寝をしすぎないように注意する
- 就寝前に、入浴、歯磨き、洗面などを行い、身体が冷えないようにしておく
- 空腹になりすぎないように配慮する
- 睡眠薬などはできるだけ使わないようにする

マッサージは、末梢神経や筋肉の興奮を沈静化する

マッサージには、**血行**をよくして**新陳代謝**を高める効果がある。そのため、末梢神経の興奮が抑えられ痛みが軽減し、睡眠が促される。ただし、医学的に禁忌の場合もあるので注意する。冷罨法、温罨法も有効である。また、安楽な姿勢であっても同じ姿勢を長時間続けると疲れるので、定期的な**体位変換**が必要である。

6

生活支援技術

⑨ 家事
⑩ 休息・睡眠

　○　水溶性のしょうゆ・ソースは水または温水、血液は水でぬらして、しみ抜きをする。

check!

終末期介護（ターミナルケア）では、個人の尊厳を重視することが必要である

最期まで、**個人の尊厳**を重視し、主に**苦痛を緩和するケア**を行う。不治の病のために死期が近づいた利用者に対しては、医療職と密接に連携し、身体的苦痛だけでなく精神的、社会的、霊的な苦痛を緩和し、その人らしい最期を迎えられるよう支援することが大切である。

check!

最期まで自分らしく生き抜くために、事前に本人、家族等と意思を確認しながらケアを行う

将来の意思決定能力の低下に備え、ケア全体の目標や治療について事前に本人、家族と繰り返し話し合いをもち計画を立案することを「アドバンス・ケア・プランニング（ACP）」という。

 終末期介護（ターミナルケア）では、終末期の迎え方についての話には、触れないようにする。

可能な限り、食事を経口摂取できるように介助する

尊厳に満ちた死を迎えられるように、終末期であっても、可能な限り、食事は経口摂取できるよう支援する。その際は、栄養量の確保よりも、楽しみに重点をおく。また、体調のよいときに、介護職と医療職、ひいては家族と連携しながら行うことが大切である。

臨終期には、安心できる環境を提供するよう努める

静かで明るすぎず、暗すぎない、心地よい**室内環境**を整え、できるだけ利用者の家族がそばにいられるように配慮する。臨終期まで**聴覚**や触覚は比較的に維持されているため、言葉かけや、体にふれることは最期まで続けるとよい。

6

生活支援技術

⑪ 人生の最終段階の介護

 × 終末期介護（ターミナルケア）では、利用者や家族の意向に沿った介護を行うため、利用者や家族と終末期の迎え方について話し合っておくことが必要である。

介護福祉職が利用者を亡くした家族と悲しみ（悲嘆）を共有するには、家族の話を傾聴する

家族が利用者の死を受け入れるためには、利用者の死を十分に悲しむことも必要である。このような「喪の作業」を**グリーフワーク**という。利用者が亡くなってからも死者を悼むなど、遺族をケアする**グリーフケア**も終末期の家族支援である。

終末期には、医師との連携が不可欠である

介護福祉職は、利用者が望む終末期とするために**医師**（主治医）、医療職と協働する。痛みの緩和や人工呼吸器を用いる場合は**医師**による処置が必要である。また、利用者の状態が急変した場合には家族、**医師**に速やかに連絡し、対処を依頼する。

7 介護過程

check!

介護過程とは、最適な介護を実施するための一連のプロセスである

介護過程とは、個々の利用者に対して最も役に立つ介護を提供するための一連のプロセスである。介護過程では、①利用者の抱えている介護上の課題を把握（**アセスメント**）、②その解決のためにどのような介護を行うかを**計画**、③**実施**、④その後、実施した介護の効果について**評価（モニタリング）**し、その介護を終了するか、継続するか、別の方法に変えるかを考える。この過程を繰り返すことで、利用者によりよい介護を提供することができる。

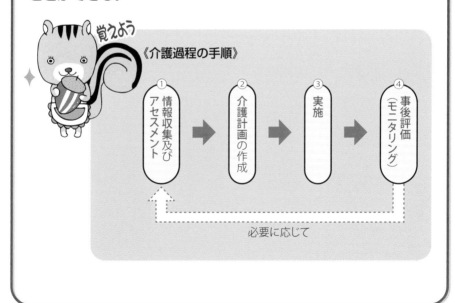

Q 介護過程におけるアセスメントの段階で、介護計画が作成される。

利用者の情報収集には、プライバシーに配慮し、個別性を理解する観察力が重要である

情報収集するには、**偏見や先入観**をもたず、徐々に接することにより得られる情報もあり、無理に聞き出そうとすることは避ける。ICF(国際生活機能分類)の視点に基づいて、「できること」「していること」を確認し、課題解決の可能性がある**情報**を整理することなどが必要である。

アセスメントにより、利用者の解決すべき課題が明確になる

アセスメントとは、利用者の介護が必要な状況や状態の情報を収集し、そこから利用者が抱える真のニーズを把握し、解決すべき**課題**を明確にすることである。情報の解釈には多角的、専門的な視点が必要である。

 × アセスメントの次の段階が、介護計画の作成である。

アセスメントし、生活課題を明らかにすることが、支援の根拠となる

収集した情報をもとに、利用者の抱えている**生活課題**とニーズ（どのような支援を必要としているか）などを分析する。**生活課題**とは利用者の望む生活を実現するために解決すべきことである。生活課題が複数ある場合は、生命の安全や生活の安定、生活の質（人生の豊かさ）に着目して**優先順位**を決める。

モニタリングとは、実施された援助の効果を評価することである

モニタリングでは、実際に行った援助が、利用者の課題の解決のためにどの程度効果があったのかを評価する。評価の結果、問題が未解決であったり、新たな課題が発見されたような場合は、**再アセスメント**を行って、再び援助を開始する。

 モニタリング（評価）では、利用者に対して設定した目標がどの程度達成できたかを確認する。

check!

介護計画は、利用者や家族の同意を得て目標と実施計画と方法を共有し実施可能となる

介護計画は、利用者や家族に対して**説明責任（アカウンタビリティ）**と**文書による同意**が必要である。介護計画を実施した結果の**評価**は、利用者の生活課題がどの程度解決したのか、目標の達成度を明らかにすることである。**経過記録**を残し、**モニタリング（評価）**し、介護過程は引き続き展開される。

check!

介護計画の作成にあたっては、5W1Hを踏まえて具体的に立案する

5W1Hとは、When（いつ）、Where（どこで）、Who（誰が）、What（何を）、Why（なぜ）、How（どのように）のことで、介護計画の作成にあたっては、利用者のニーズなどを把握したうえで、これらを踏まえて具体的に立案する。また、利用者や**利用者の家族**も閲覧することを踏まえ、わかりやすい言葉を使用する。

 ○ モニタリング（評価）の結果、問題が未解決であったり、新たな課題が発見されたような場合は、再アセスメントを行い、再び援助を開始する。

利用者のニーズをつかむには、セルフケア能力の判断が大切である

セルフケア能力とは、利用者自身がどれくらい自分の身の回りのことができるか、という能力である。基本的に、利用者が自分ではできないことを介護福祉職が支援するのであるから、何ができないかだけでなく、何を行っているか、**何ができるかの把握**も大切である。

介護計画の目標は、実現可能で具体的なものとする

介護計画は利用者にとって**実現可能**なものであり、具体的に、介護福祉職がどのようなサービスを提供するかが明確であることが大切である。そうでなければ、計画は実効性のない "絵に描いた餅" になってしまうからである。支援目標は、**長期目標**（1年くらい）と、それを達成するために踏むべき段階としての**短期目標**（3か月〜6か月くらい）を設定する。

Q 介護計画に長期目標を設定した場合には、短期目標は設定しない。

check!

援助の効果については、ADL（日常生活動作）だけでなく多面的に評価する

援助を実行した後に、援助の効果について評価する（**モニタリング**）。その際、**ADL**（**日常生活動作**）がどのように変化したかだけでなく、**QOL**（**生活の質**）が向上したかを含め、多面的に評価することが求められる。

check!

観察のポイントは、利用者の身体的側面、認識・心理的側面、行動面の３つである

高齢者や障害者は身体状況に変化を起こしやすいため、観察が必須であり、介護活動の出発点は観察であるといえる。

《観察のポイント》
①**身体的側面**（身体に何らかの違和感・症状・障害がないか）
②**認識・心理的側面**（利用者本人が身体状況や生活環境についてどう考えているか）
③**行動面**（利用者の生活にどのような制限や不自由さがあるか）

 × 介護計画には、長期目標と短期目標の両方を設定する必要がある。

訪問介護計画は、サービス提供責任者が作成する

訪問介護計画は、**サービス提供責任者**が作成する。訪問介護計画には、利用者の日常生活全般の状況や希望を踏まえたうえで、訪問介護の目標、その目標を達成するための具体的なサービスの内容などが記載される。利用者または家族に説明し、**利用者**の同意を得て確定する。

介護計画は、定期的にモニタリングを実施し、必要に応じて変更する

定期的に**モニタリング**を実施し、利用者の心身状態や生活環境の変化、要介護度の変更、利用者の希望などによって、介護計画の内容を変更することを検討する。介護計画の見直し、変更を行う際は**サービス担当者会議（ケアカンファレンス）**を行い、利用者や家族の意向と専門職などの意見を聞き、利用者や家族に説明し**文書**において同意を得る。

8 こころとからだのしくみ

check!

WHO（世界保健機関）は健康を、肉体的にも、精神的にも、そして社会的にも、すべてが満たされた状態にあることとしている

WHO憲章では、「健康」を次のように定義している。

> 健康とは、病気でないとか、弱っていないということではなく、**肉体**的にも、**精神**的にも、そして**社会**的にも、すべてが満たされた状態にあることをいいます。（日本WHO協会訳）

check!

マズローは、人間の欲求を5段階に階層化した

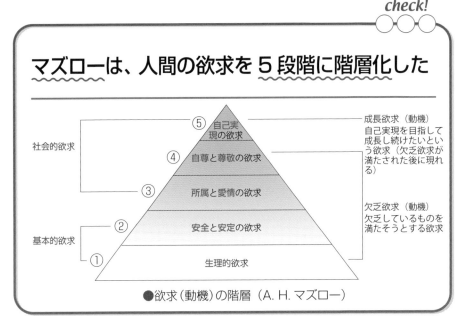

●欲求（動機）の階層（A. H. マズロー）

 マズローの欲求階層説では、最下層にあるものは自己実現の欲求である。

記憶には、記銘、保持、再生の 3 過程がある

記銘はある経験を覚えこむこと、保持はそれを蓄えておくこと、再生は必要な場合にそれを思い出すことであり、記憶はこの 3 過程からできている。

記銘　➡　保持　➡　再生

感情は、情動や気分を含む用語である

感情（affect）は、一般にはものごとや対象に対して抱く喜怒哀楽を指し、情動（emotion）と気分（mood）が含まれる。

情動	明確な原因によって急激に湧き起こる強い感情で、生理的な興奮を伴い、持続時間は一般に短い。
気分	穏やかな「快－不快」の感情で、比較的長く継続するが、原因は必ずしも明確ではない。

 × 最下層は生理的欲求であり、自己実現の欲求は最上層である。

8

こころとからだのしくみ

❶ こころとからだのしくみ

脳は、大脳、小脳、脳幹に大別される

大脳には、**大脳皮質**、**大脳辺縁系**（へんえんけい）、**大脳基底核**（きていかく）がある。大脳皮質は、右半球と左半球に分かれ、それぞれが、**前頭葉**、**側頭葉**、**頭頂葉**、**後頭葉**の4部位に分かれている。

●大脳半球の機能分布図

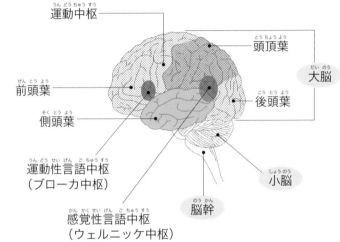

運動中枢（うんどうちゅうすう）
頭頂葉（とうちょうよう）
大脳（だいのう）
前頭葉（ぜんとうよう）
後頭葉（こうとうよう）
側頭葉（そくとうよう）
運動性言語中枢（うんどうせいげんごちゅうすう）（ブローカ中枢）
小脳（しょうのう）
感覚性言語中枢（かんかくせいげんごちゅうすう）（ウェルニッケ中枢）
脳幹（のうかん）

覚えよう

前頭葉　　　：思考、判断、記憶、計算
運動中枢　　：口・舌・手足の働きの調節
頭頂葉　　　：皮膚・知覚等の感覚の調節
側頭葉　　　：音、情緒、感情等の調節
後頭葉　　　：視覚調節
運動性言語中枢：話す言葉の調節
感覚性言語中枢：言語理解

 運動性言語中枢（ブローカ中枢）は、言語を理解する機能を果たしている。

肘関節と手関節の間を、前腕という

肘関節から手関節（手首）までが**前腕**である。**前腕**には橈骨（親指側）と尺骨（小指側）があり、**橈骨**は高齢者が骨折しやすい骨である。なお、肘関節から肩関節までは**上腕**という。

高齢者には、脊椎圧迫骨折、橈骨骨折、大腿骨頸部骨折が多くみられます。

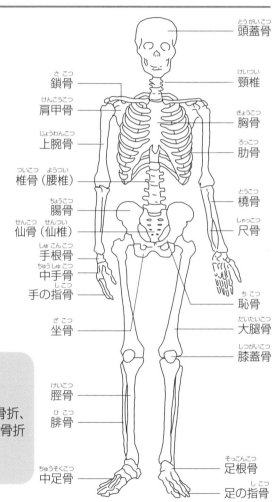

頭蓋骨
鎖骨
肩甲骨
上腕骨
椎骨（腰椎）
腸骨
仙骨（仙椎）
手根骨
中手骨
手の指骨
坐骨
脛骨
腓骨
中足骨
頸椎
胸骨
肋骨
橈骨
尺骨
恥骨
大腿骨
膝蓋骨
足根骨
足の指骨

× 運動性言語中枢（ブローカ中枢）は、話す言葉の調節を行う。

こころとからだのしくみ

check!

膵臓（すいぞう）は、外分泌腺とランゲルハンス島からなる

膵臓にある**外分泌腺**は、消化酵素を十二指腸内へ分泌し、ランゲルハンス島は、インスリンやグルカゴンなどを分泌する。

check!

消化器系は、消化管と付属器から成っている

消化器系は、口腔から肛門まで続く**消化管と付属器**（消化腺）から成っている。

◎消化管：口腔、食道、胃、十二指腸、小腸、大腸、直腸、肛門など
◎付属器（消化腺）：唾液腺、肝臓、胆嚢、膵臓など

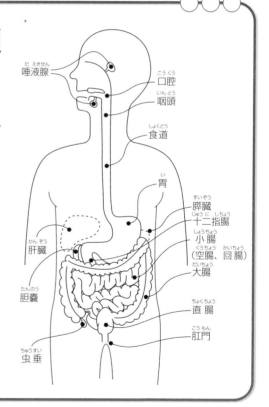

 膵臓にある外分泌腺はインスリンやグルカゴンなどを分泌し、ランゲルハンス島は消化酵素を十二指腸内へ分泌する。

胸部と腹部は、横隔膜によって分けられる

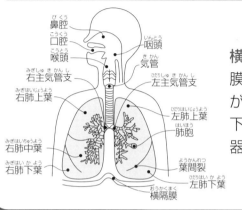

鼻腔
口腔
喉頭
咽頭
気管
右主気管支
左主気管支
右肺上葉
左肺上葉
肺胞
右肺中葉
葉間裂
右肺下葉
左肺下葉
横隔膜

横隔膜は胸部下口を閉じる膜である。横隔膜より上部が胸部（心臓や肺がある）、下部が腹部（消化器や生殖器がある）となる。

右側：**8** こころとからだのしくみ

大腿四頭筋が収縮すると、膝関節が伸びる

大腿四頭筋は膝関節の上部、大腿部の前面にある太くて大きな筋肉で、大腿四頭筋が**収縮**（縮む）すると膝関節が**伸展**（伸びる）する。このとき、背面にある大腿二頭筋は**弛緩**（ゆるむ）している。逆に、大腿四頭筋が**弛緩**し、大腿二頭筋が**収縮**するとき、膝が**屈曲**する。

大腿四頭筋は、立位姿勢を維持するための筋肉（抗重力筋）として重要な筋肉です。

右側：**①** こころとからだのしくみ

A × 膵臓にある外分泌腺は消化酵素を十二指腸内へ分泌し、ランゲルハンス島はインスリンやグルカゴンなどを分泌する。

上腕三頭筋が収縮すると、肘関節が伸びる

上腕三頭筋は肘関節の上部、背面にある太くて大きな筋肉で、上腕三頭筋が**収縮**すると肘関節は**伸展**する。このとき、前面にある上腕二頭筋は**弛緩**している。逆に上腕三頭筋が**弛緩**し、上腕二頭筋が**収縮**すると肘関節は**屈曲**する。

日常生活では、上腕三頭筋は物を押す、床から立ち上がる時に床を手で押すなどの**プッシュ**動作において、上腕二頭筋は肘を曲げる動作になるので物を引き寄せる**プル**動作において重要な働きをします。

血圧は常に一定ではなく、さまざまな要因により変動する

血圧は、心臓から送り出された血流が**血管の内壁**を押す力（圧力）で、測定する時間帯や、食事、運動、精神的ストレス、測定時の室温など、さまざまな要因により**変動**する。
一般に、**収縮期血圧**は「上の血圧」「最高血圧」、**拡張期血圧**は「下の血圧」「最低血圧」などと呼ばれる。

 酸素を含んだ血液は、肺静脈を通って心臓の左心房に入り、左心室から大動脈を通って全身を巡る。

心臓は、一定のリズムで収縮と弛緩を繰り返し、全身に血液を送っている

心臓は1回の**収縮**で約 70 〜 100ml の血液を送り出し、**赤血球**が酸素運搬を担う。

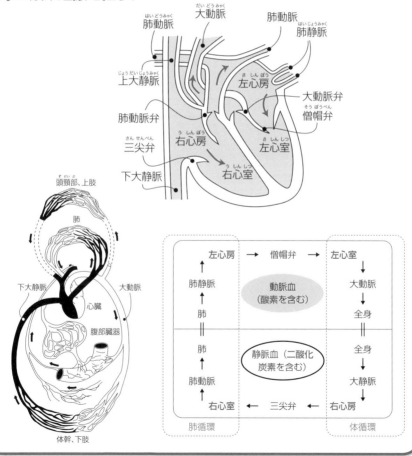

左心房	→	僧帽弁	→	左心室
↑				↓
肺静脈		動脈血		大動脈
↑		（酸素を含む）		↓
肺				全身
‖				‖
肺				全身
↑		静脈血（二酸化		↓
肺動脈		炭素を含む）		大静脈
↑				↓
右心室	←	三尖弁	←	右心房
肺循環				体循環

 ○ また、心臓は、1回の収縮で約 70 〜 100ml の血液を送り出している。

体温は、視床下部の「体温調節中枢」の働きによって一定に保たれている

・体温には日内変動があり、早朝には**低く**、夕方頃に**高く**なる。
・体温の測定値は、測定部位により異なる。

> 直腸温＞鼓膜温＞舌下温＞腋窩温

・体温は**環境**に影響される（外気温の上昇により血管拡張、発汗などが起こり、体温調整が行われる）。
・高齢者は、基礎代謝や体温調節機能が低下しているため、体温が**低い**傾向にある。

高齢者は咳反射が低下し、誤嚥を起こしやすくなる

咳反射とは、誤って気管に異物が入った場合に、その異物を排出するために激しく咳込むことをいう。高齢者は、この咳反射の機能が低下しているため**誤嚥**や**誤嚥性肺炎**を起こしやすい。

 体温の測定値は測定部位により異なり、高い順に、直腸温＞舌下温＞鼓膜温＞腋窩温となっている。

食物を認知して口に入れ、咽頭と食道を経て胃に入るまでの過程を、摂食・嚥下という

●摂食・嚥下の５分類

段　階	内　容
①先行期（認知期）	何をどう食べるか判断する時期。認知機能が影響する。食物のにおいや色・形などを認知し、経験から味を想像する。判断に基づいて、唾液が分泌され摂取に向けて身体が準備する
②準備期（咀嚼期）	食物を口に入れて噛み砕き唾液と混ぜて、食塊に整える時期
③口腔期（嚥下第１期）	食塊を口腔から咽頭へ送り出す時期。主に舌によって、食塊が口腔から咽頭へ移送される
④咽頭期（嚥下第２期）	食塊を咽頭から食道へ送り出す時期。軟口蓋が鼻腔を塞ぎ、嚥下反射によって食塊が咽頭を通過する
⑤食道期（嚥下第３期）	食塊を食道入口から胃へ送り出す時期。食道と胃の境目には下部食道括約筋があり、胃から食道への逆流を防いでいる。不随意的な運動である

高齢者の便秘は、腸の蠕動運動や便の排出力の低下によって起こることが多い

高齢者の便秘は、活動不足や長期臥床などによって腸の**蠕動運動**が弱くなることや、排便するときに使う**腹筋**や**腸管筋**の緊張がゆるんでくることなどによって便の**排出力**が低下して起こることが多い。便秘を予防する効果的な方法として、適度な**運動**、定期的な**水分**摂取、規則正しい**食事**などがある。

 ×　体温の測定値は、高い順に、直腸温＞鼓膜温＞舌下温＞腋窩温となっている。

高齢者の下痢は、短時間で脱水や電解質の異常を招く

高齢者の下痢は短時間で**脱水**や**電解質**の異常を招くため、**水分の補給**に努めることが重要であり、症状によっては主治医に連絡することも必要である。また、高齢者は加齢により**肛門括約筋**が弛緩しており、下痢の際に**便失禁**を起こしやすいため、十分に配慮する。

口臭には、生理的なもの、食べ物によるもの、疾患によるものがある

口臭とは、口から吐く息に嫌なにおいがあるものをいう。口臭には、**唾液分泌量**が低下することで口腔内が**乾燥**し発生する生理的な口臭や、においの強い食べ物を食べたときに発生する口臭、疾患による口臭等がある。また、**義歯**の汚れや、舌苔、不完全な歯磨きなどによっても発生する。

 レム睡眠は、身体も脳もぐっすりと眠っている状態である。

check!

入浴には、生理的効果、心理的効果、社会的効果がある

入浴により、**生理的効果**（心肺機能や利尿作用の促進、感染予防等）、**心理的効果**（爽快感の獲得、リラックス効果等）、**社会的効果**（清潔保持により社会参加がしやすくなる等）などの効果が得られる。また、入浴には、**温熱作用**、**静水圧作用**、**浮力作用**の3つの作用がある。42℃以上の**高温**による入浴は、**筋肉が収縮**する。

check!

レム睡眠は、身体は眠っているのに脳は覚醒（かくせい）に近い状態である

睡眠には、**レム睡眠**と**ノンレム睡眠**を約**90分間**周期で繰り返すリズムがある。**レム睡眠**では、身体は眠っているのに脳は覚醒に近い状態であり、夢を見ることが多い。**ノンレム睡眠**は身体も脳もぐっすりと眠っている状態である。
よい睡眠のためには、生活にメリハリをつけ、身体を動かし、生活リズムを整えることが大切である。

8

こころとからだのしくみ

②

日常生活に関連したこころとからだのしくみ

× レム睡眠は、身体は眠っているのに脳は覚醒に近い状態である。身体も脳もぐっすりと眠っている状態は、ノンレム睡眠である。

check!

睡眠時無呼吸症候群は、さまざまな生活習慣病を引き起こす原因ともなる

睡眠時無呼吸症候群（SAS）により睡眠中の**酸素濃度**が低下すると、心臓に負担がかかり**高血圧**となる。また、動脈硬化が進み、**心筋梗塞**や**脳梗塞**を起こしやすくなる。さらに睡眠不足は眠気による事故を招くだけでなく、血糖値やコレステロール値が上昇してさまざまな**生活習慣病**が引き起こされる。
重症の場合は、持続陽圧呼吸療法（CPAP）が行われる。

check!

キューブラー・ロスは、終末期の患者の心理過程を「否認」「怒り」「取引」「抑うつ」「受容」の５段階に分けた

●死の受容の５段階

①否認	自分の死期が近いことを受け入れられず**否定する**時期
②怒り	「なぜ自分が死ななければならないのか」と怒りを抱く時期
③取引	「何でもしますから助けてください」というように、奇蹟を願う時期
④抑うつ	自分が死から逃れられないことを悟り、絶望して抑うつ状態になる時期
⑤受容	死んでゆくことを自然の理として受け入れられるようになる時期

 臨床的な死の３大兆候は、心停止、自発的呼吸停止、瞳孔縮小である。

臨床的な死の３大兆候は、心停止、自発的呼吸停止、瞳孔散大である

死の定義は、**生物学的**な死（生理機能が不可逆的に停止）、**法律上の死**（死亡診断書の発行）、**臨床的**な死（３大兆候の確認）によって異なる。危篤状態になると、呼吸は深さや間隔が乱れ（チェーンストークス呼吸、肩呼吸、下顎呼吸等になる）、体温・血圧・脈拍の低下、チアノーゼ、喘鳴などの兆候が現れる。

死の直前には、チェーンストークス呼吸や肩呼吸などがみられる

終末期になると、呼吸の深さや間隔が乱れ、死の直前には、チェーンストークス呼吸、肩呼吸、下顎呼吸、鼻翼呼吸がみられる。

チェーンストークス呼吸	30秒弱程度呼吸が止まった後、浅めの呼吸から深く大きな呼吸となるという一連の周期を繰り返す呼吸
肩呼吸	息をするたびに肩も動く呼吸
下顎呼吸	下顎をガクガクと動かす呼吸であり、死の間近に多くみられる
鼻翼呼吸	少しでも空気を吸おうと小鼻が開く呼吸

 × 臨床的な死の３大兆候は、心停止、自発的呼吸停止、瞳孔散大である。

8

こころとからだのしくみ

❷ 日常生活に関連したこころとからだのしくみ

悲嘆反応は、感情的反応、認知的反応、行動的反応、生理的・身体的反応に分類できる

死別による悲嘆反応は、①**感情的反応**(絶望や不安など)、②**認知的反応**(故人の現存感や自己非難など)、③**行動的反応**(探索行動や過行動など)、④**生理**的・**身体**的反応(食欲低下や睡眠障害など)の4つに分類できる。

覚えよう

ボウルビィが提唱する「喪の仕事」では、死別の過程を①感情麻痺の時期、②思慕と探索の時期、③混乱と絶望の時期、④脱愛着と再起の時期の4段階に区分しています。

死亡後、体中では生存中にはない化学反応が起こり、硬直や死斑などが出現する

死後硬直：死後2時間たつと、顎関節や項部（うなじ）の筋肉に硬直が始まり、上肢から下肢へと進行し、12時間ほどで全身に至る

死斑：血液の循環が止まったことで血液が体の下側に溜まり、皮膚の表面に痣のような斑点が生じる。死後20〜30分で現れ、8〜12時間で最も強くなり、20時間ほどで固定される

＊変化の現れる時間は、状況により異なる。

9 発達と老化の理解

乳幼児期の成長のスピードは、個人差が大きい

乳幼児期には、**身体**的な成長・発達及び運動機能、言語、社会性、認知力などが著しく成長するが、成長のスピードや段階は**個人差**が大きい。

おおまかな目安	運動機能	手の使い方の発達
3～4か月頃	首がすわる	手に触れたものを握る
4～6か月頃	寝返りをする	物に手を伸ばす
6～8か月頃	一人座り	手のひらで物をつかむ
8～12か月頃	はいはい（四肢を使った移動） つかまり立ち	指を使って物をつかむ 両手を使って遊ぶ
1歳前後	伝い歩き、大人の手につかまって歩く	コップやスプーンをもつ
1歳以降	歩行（一人で歩く）	コップやスプーンを使う

ボウルヴィは、愛着理論を提唱した

主に幼児期までの子どもと養育者との間で情緒的絆による関係を形成することを**愛着（アタッチメント）**と呼ぶ。

第1段階	誕生から生後8～12週頃	誰に対しても同じ反応を示す（人を特定しない）
第2段階	生後12週頃～6か月頃	相手によって**異なる**行動がみられるようになり、特定の人（特に母親）に愛着をもち始める
第3段階	生後6か月頃～2、3歳頃	特定の人に愛着をもち、その人と常に一緒にいたいという態度を示す（後追いなど）
第4段階	3歳頃～	愛着のある特定の人との間に信頼感や絆が形成され、その人がいない場面でも安定した気持ちで行動できるようになる

 エリクソンの発達段階における「アイデンティティの確立」は、成人期初期の発達課題である。

エリクソンは人格の発達段階について人生を8段階に分け、それぞれの発達課題を示した

エリクソンは人生における人格の発達段階を8段階に分けた。そしてそれぞれに克服すべき**課題**と、それを克服したときに到達できる状態、失敗したときに陥る状態を示した。

9

発達と老化の理解

❶

人間の成長と発達

●エリクソンの発達課題

発達段階	年　齢	発達課題	課題を達成して得るもの	失敗した場合の状況
①乳児期	0～1歳	養育者（母親など）との関係を通した**基本的信頼感**	信頼感、希望	不信
②幼児前期	1～3歳	自分の身体をコントロールする**自律感**	自律性	恥・疑惑
③幼児後期	3～6歳	**自発的**に行動する快感を覚える	自発性	罪悪感
④児童期	6～12歳	さまざまな活動を通した**勤勉性**	勤勉性	劣等感
⑤青年期	12～20歳	アイデンティティ（**同一性**）の確立	自我同一性	同一性拡散
⑥成人期初期	20～30歳	**親密な人間関係の構築**	親密性、愛	孤立
⑦成人期（壮年期）	30～65歳	子育て・仕事など**社会的な役割を通した次世代の育成**	生殖性	停滞
⑧成人期後期（老年期）	65歳～	**人生の意味をまとめる**	自我の統合	絶望

 ×　エリクソンの発達段階における「アイデンティティの確立」は、青年期の発達課題である。

check!

ユングは、40歳を人生の「正午」とした

● ユングのライフサイクル論

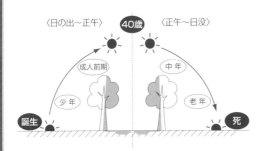

ユングのライフサイクル論では、「人生の正午」を40歳とし、誕生から死までを、①少年期、②成人前期、③中年期、④老年期の4つに分けた。

check!

ピアジェは、認識や思考の発達を4段階に分けた

● ピアジェの認知発達段階

年齢の目安	発達段階	思考の枠組み（シェマ）の内容
①0〜2歳	**感覚運動**段階	感覚器官の働きを通して認識する
②2〜7歳	**前操作**段階	ものの見え方に左右される直感的思考、模倣など象徴的思考
③7〜11歳	**具体的操作**段階	ものの見掛けの変化にだまされない。具体的なものを論理的に考えられる
④11歳以降	**形式的操作**段階	抽象的概念の理解、論理的思考ができる

 フロイトは、3歳頃までの発達段階を口唇期とした。

フロイトは、5つの発達段階を提唱した

フロイトは、**リビドー（性的エネルギー）**の現れ方に着目し、5つの発達段階を提唱した。

●フロイトの発達段階

年齢の目安	発達段階	特　徴
①誕生〜1歳	口唇期	授乳・摂食など、口から快感を得る
②3歳頃まで	肛門期	排泄に関係する肛門から快感を得る
③5歳頃まで	男根期	生殖器への関心、異性の親への性的関心が生じる
④11歳頃まで	潜在期	エネルギーが外部に向かう
⑤青春期・成人期	思春期・性器期	性生活の発達

※思春期・性器期を分けて6段階説とする考えもある。

ライチャードは、定年退職後の男性高齢者の人格を5つに分類した

●ライチャードの人格分類

人格類型	特　性
①円熟型	自己を受容し、社会参加に積極的、建設的に生きようとする
②依存型（安楽いす型）	受動的で消極的であり、責任から解放されたことを喜んでいる
③防衛型(装甲型)	老化に対する不安から、老いを拒否し積極的に活動しようとする
④憤慨型	自分の不幸を他人のせいにして不平不満をもつ
⑤自責型	自分の不幸を悔やみ、自分を責める。抑うつ状態になりやすい

 × 3歳頃までの発達段階は肛門期である。口唇期は1歳頃までをいう。

9

発達と老化の理解

① 人間の成長と発達

ハヴィガーストは、老年期の発達課題としてさまざまな適応や確立をあげている

発達心理学では人間は一生を通じて心身の変化と成長を続けるととらえ、ハヴィガーストは、老年期の発達課題を示している。

①体力と健康の衰えに適応すること
②引退と減少した収入に適応すること
③配偶者の死に適応すること
④同年代の人々と親密な関係を確立すること
⑤社会的・市民的義務を果たすこと
⑥身体的に満足できる生活環境を確立すること

コールバーグは道徳判断の発達理論を示した

●コールバーグによる道徳判断の発達段階

水準1 前慣習的水準	段階1	罰と服従志向	罰を回避し権威に服従する
	段階2	道具主義的相対主義者志向	自分の利益が守られるかどうかで判断する
水準2 慣習的水準	段階3	対人関係の調和・良い子志向	他人から批判や非難されないことを重視する
	段階4	法と秩序志向	規則や社会秩序を守ることを重視する
水準3 脱慣習的水準	段階5	社会契約的遵法主義志向	個人の利益ではなく社会全体の利益を考えて判断する
	段階6	普遍的な倫理的原理志向	普遍的な良心に基づいて判断する

 コールバーグによる道徳判断において罰と服従志向は、最も高い発達の段階である。

check!

エイジズムとは、年齢による差別、特に高齢者への偏見・固定観念・差別などをいう

老年医学者バトラーは、**エイジズム**を「年をとっているという理由で高齢者たちを組織的に1つの型にはめ**差別**すること」と定義している。「高齢者は頑固だ」「高齢者は能力が劣っている」「高齢者の容姿は醜い」などの**偏見**があると、高齢者を見下したり、虐待にもつながりかねない。

check!

サクセスフル・エイジングとは、老化に適応した主観的な幸福感がある生き方をいう

サクセスフル・エイジングは、老化に適応した主観的な**幸福感**がある生き方であり、①**長寿**、②高い QOL（**生活の質**）、③**社会貢献**の要素で構成されるものである。
サクセスフル・エイジングを得るためには、自分の人生が満足できるものであるかどうか、老年期の**発達課題**が達成できるかという2点がポイントとなる。

 × コールバーグによる道徳判断において罰と服従志向は、最も低い発達の段階である。

プロダクティブ・エイジングは、<u>生産的高齢者</u>などと訳されるものである

プロダクティブ・エイジングは、生産的高齢者などと訳され、高齢者に、さまざまな**生産**的な活動に寄与し**自立**を求めた概念であり、バトラーが提唱した。

プロダクティブな活動には、セルフケア、労働、家事、学習、ボランティア活動、趣味などが含まれる。

加齢に伴い<u>流動性知能は低下する</u>が、<u>結晶性知能は維持される</u>

● 流動性知能と結晶性知能の違い

	特性	具体例	加齢による影響
流動性知能	情報を獲得・処理・操作して新しい環境に適応する能力	情報処理能力、思考力、暗記力など	25歳頃をピークとし、加齢により**低下**する
結晶性知能	学習や経験により獲得した知識や、それに基づく能力	言語力、習慣、料理などの手順など	加齢による影響を受けにくく、**維持**される

 結晶性知能は加齢による影響を受けにくく、比較的維持される。

高齢者の身体的な特徴として、新陳代謝の低下、感覚器の機能低下、運動能力の低下などがある

老化に伴い、身体的な機能は、全身にわたって**低下**する。主な身体的変化は以下の通りである。

●高齢者の主な身体的変化

①個人差が大きくなる	・生活習慣や遺伝的な要因の違いが大きく現れる。疾患にかかっても、症状の出方がさまざまである
②全身の変化	・**ホメオスタシス**（身体の恒常性を維持する機能）が低下 ・体液の比率が低下し、**脱水**を起こしやすくなる ・**免疫力**が低下
③骨格・筋の変化	・骨の代謝が低下し、**骨密度**が低下 ・筋量・筋力が低下。転倒しやすくなる
④消化器系の変化	・**唾液**の分泌が減少 ・腸の**蠕動運動**が減退。**便秘**しやすくなる
⑤循環器系の変化	・動脈硬化が生じ、高血圧になりやすくなる
⑥呼吸器の変化	・**咳反射**が低下、**誤嚥**を起こしやすくなる
⑦泌尿器の変化	・**膀胱**容量の減少、**骨盤底筋**の筋力低下、尿意の感覚鈍化等により**尿失禁**を起こしやすくなる
⑧内分泌の変化	・インスリン、エストロゲン（卵胞ホルモン）などの減少・機能低下
⑨感覚器の変化	・耳、目、舌などの**感受性**が低下。味覚も低下する

 ○ 結晶性知能は加齢による影響を受けにくく、認知症になっても維持されることが多い。

9

発達と老化の理解

❸ 老化に伴う心身の変化

長期記憶のうち、エピソード記憶は加齢の影響を受けやすい

長期記憶のうち、エピソード記憶は加齢の影響を受けやすく、意味記憶と手続き記憶は加齢の影響を受けにくい。

	内容	加齢の影響
エピソード記憶	経験や出来事についての記憶（昨日、誰とどこに行って何を食べた、など）	受けやすい
意味記憶	意味と対応する記憶（学習によって得た知識、人や物の名前など）	受けにくい
手続き記憶	身体で覚えた手順や技能（車や自転車の運転、楽器の演奏など）	受けにくい

老年症候群では、通常、複数の症状を併せもつ

老年症候群は加齢に伴う心身機能の衰えにより生じる身体的・精神的諸症状や疾患の総称で、通常、複数の症状を併せもつ。

●老年症候群の代表的な症状・徴候

食欲不振（低栄養）、体重減少、便秘、下痢、頻尿・失禁、関節痛、骨粗鬆症、骨折、貧血、めまい、息切れ、動悸、易感染性、聴力・視力の低下、認知機能低下、抑うつ、せん妄など

 高齢者は、加齢に伴って代謝機能が低下するため、服用した薬の効果が現れにくい。

免疫機能は、加齢とともに低下する

免疫機能の低下は、免疫細胞のＴ細胞を生産する**胸腺**（きょうせん）や、リンパ球を多く含む**脾臓**（ひぞう）が加齢とともに萎縮することで起こる。免疫機能が低下するとさまざまな疾患にかかりやすく、特に感染症では重症化しやすい。また、高齢者の場合、疾患の現れ方が非定型的であるという特徴がある。若い頃に一度発症した結核が免疫力の低下で**活性化**し、高齢になってから再び発症するケースも多い。

加齢に伴い、飲んだ薬が体内に長くとどまりやすいため、副作用が出やすい

高齢者は**新陳代謝**が低下しているため、服用した薬が体内に長くとどまる。また、体全体の抵抗力も弱くなっているので薬の**副作用**が出やすい。介護福祉職は、注意深く観察をして、必要があれば医療関係者に報告する。

 × 高齢者は、加齢に伴って代謝機能が低下するため、服用した薬の効果が現れやすく、副作用も現れやすい。

9

発達と老化の理解

③ 老化に伴う心身の変化

加齢に伴い、視覚や聴覚の機能が低下してコミュニケーションをとりにくくなる

加齢に伴い、白内障や老人性難聴（**感音性難聴**）などで視力・聴力が衰える。コミュニケーションに必要な情報は**視覚**や**聴覚**によって得られる部分が多いので、コミュニケーションがとりにくくなる。**閉じこもり**の原因の１つである。

フレイルは、加齢に伴い身体機能が低下した虚弱状態をいう

加齢によって身体機能が顕著に低下した虚弱状態を**フレイル**といい、介護が必要になる前段階ともいえる。次の５項目のうち３項目以上該当する場合に、**フレイル**とみなされる。

①体重の**減少**　②歩行速度の低下　③握力の低下
④疲れやすい　⑤身体活動レベルの低下

 加齢に伴い身体機能が低下した虚弱状態を、サルコペニアという。

check!

サルコペニアは、加齢により筋肉量が減少し、筋力や身体機能が低下した状態をいう

加齢により筋肉量が減少し、筋力や身体機能が低下した状態を**サルコペニア**といい、高齢者の身体機能障害や転倒のリスク因子になる。また、運動器の障害により移動機能が低下した状態を、**ロコモティブシンドローム**という。

フレイル、サルコペニア、ロコモティブシンドロームの予防を図ることが、**要介護状態や寝たきりを予防すること**につながります。

check!

高齢者は、脱水状態になっても顕著な症状が現れにくい

高齢者は体内の**水分量**が少なく、喉の渇きも気づきにくいため、脱水状態に陥りやすいが、顕著な**症状**が現れにくく**訴え**も乏しいため、発見しにくい。夏期には、喉が渇いたと思わなくても**定期的**に水分をとるように心がける。

脱水によって**体重**が減ることがあるため、注意が必要です。

A ✕　加齢に伴い身体機能が低下した虚弱状態を、フレイルという。サルコペニアは、加齢により筋肉量が減少し、筋力や身体機能が低下した状態である。

高齢者は、心理的・身体的な誘因により精神神経症状を起こしやすい

心理的な誘因としては、近親者との死別や転居などの環境の変化により、**抑うつ状態**を示すことがある。また、身体的な誘因としては、脱水による**錯乱**などがある。

高齢者に多い感染症として、誤嚥性肺炎と尿路感染症がある

高齢者は**免疫力**が低下しているため、感染症にかかりやすい。誤嚥性肺炎は一般に**高熱**を伴うが、高齢者の場合は発熱せず、風邪と思っているうちに悪化することも多い。
尿路感染症は、腎臓から尿道までの尿路に起こる感染症で、尿道が短い**女性**に多くみられる。

いずれも悪化すると**敗血症**を引き起こすことがあり、全身の炎症反応や血圧低下が起こって、死亡したり後遺症が残ることもあります。

 糖尿病の三大合併症は、糖尿病性神経障害、糖尿病性肝炎、糖尿病性網膜症である。

糖尿病は、肥満や運動不足などが発病の誘因となる

糖尿病には、**インスリン**が不足して起きる1型糖尿病と、インスリン非依存型の2型糖尿病がある。2型糖尿病は、**生活習慣病**の1つで、肥満や運動不足が発病の誘因となる。治療は生活習慣の改善、すなわち、栄養バランスの取れた食事を適量摂取すること、適度な運動、適度な睡眠などが基本である。

糖尿病の三大合併症は、腎症、網膜症、神経障害である

糖尿病がおそろしいのは、重篤な合併症を引き起こすことがあるためである。腎不全の原因の第1位は、**糖尿病性腎症**であり、糖尿病性網膜症は、**後天性失明**の原因となる主要疾患である。また、糖尿病性神経障害のために、けがや火傷に気づかず重症になることもある。

× 糖尿病の三大合併症は、糖尿病性神経障害、糖尿病性腎症、糖尿病性網膜症で、いずれも特定疾病とされている。

9

発達と老化の理解

④

高齢者に多い症状・疾患

check!

痛風は中高年の男性に多くみられ、足の親指の付け根に痛みが走る

痛風は中高齢の**男性**に多くみられ、**プリン体**の代謝異常により、血液中の**尿酸値**が上昇して起きる疾患である。尿酸が一定量を超えると結晶化してこれが関節内に沈着する。多くは足の拇趾基関節（親指付け根）に起き、強烈な痛みを伴う。

check!

骨粗鬆症予防には、カルシウム、動物性たんぱく質、ビタミンC・Dをとる

骨粗鬆症は、閉経後の女性に多くみられる。女性ホルモン減少の影響などから骨の密度が低下しやすいためである。骨の構成成分である**カルシウム**の摂取と、その吸収を促す良質なたんぱく質、ビタミンC・Dの摂取が必要である。またリンをとりすぎないこと、適度な**運動**や**日光浴**を行うことも大切である。

 骨粗鬆症の予防法として、適度の運動や日光浴がある。

高齢者の変形性膝関節症は、男性より女性のほうが罹患率が高い

変形性膝関節症は、膝のクッションとして働いている関節の**軟骨**が少しずつすり減り、歩行時などに痛みを感じる疾患で、高齢者に多くみられ、特に**女性**に多く発症する。症状の進行に影響を与える要因として、**肥満**や**骨粗鬆症**などがあげられる。

日本における死因の第1位は、悪性新生物（腫瘍）である

日本における死因の第1位は**悪性新生物（腫瘍）**であり、全体の4分の1近くを占めている。1位〜10位までの順位は前年と同じである。

●日本における死因順位

順位（前年）	死因	割合
1位（1）	**悪性新生物（腫瘍）**	24.6%
2位（2）	心疾患（高血圧性を除く）	14.8%
3位（3）	老衰	11.4%
4位（4）	脳血管疾患	6.9%
5位（5）	肺炎	4.7%

（2022（令和4）年人口動態統計）

6位以下は、誤嚥性肺炎、不慮の事故、腎不全、アルツハイマー病、血管性等の認知症の順となっている。

 ○ このほかに、カルシウム、良質なたんぱく質、ビタミンC・Dを摂取することが必要である。

9

発達と老化の理解

④ 高齢者に多い症状・疾患

動脈硬化は、血管が弾力性や柔軟性を失った状態をいい、さまざまな疾患の原因となる

動脈硬化は、動脈の内壁にコレステロールや中性脂肪などが蓄積し、血管が狭くなったり硬くなったりして弾力性や柔軟性を失った状態をいい、**加齢**や**生活習慣**の乱れによって生じる。動脈硬化になると血液がスムーズに流れなくなり、進行すると、**心疾患**（心筋梗塞、狭心症など）や**脳血管疾患**（脳梗塞、脳出血など）を引き起こすおそれがある。

心筋梗塞は、冠動脈の動脈硬化によって血管が詰まり、血液の流れが完全に止まったものである

心筋梗塞は、心臓に血液を送る**冠動脈**の動脈硬化によって血管が詰まり、血液の流れが完全に止まったもので、心筋の一部が壊死を起こす。症状としては、激しい胸痛が 30 分以上続き、呼吸困難や左肩の鈍痛、意識障害などが現れることもある。

心筋梗塞を起こすと通常は激しい胸痛に襲われますが、高齢者では痛みを感じない場合もあるので注意が必要です。

 左心室の機能が低下すると、チアノーゼや呼吸困難が起きる。

狭心症は、心筋の一部が一時的に酸素欠乏状態になるもので、放置すると心筋梗塞に移行することがある

狭心症は、心筋梗塞と同じく冠動脈の**動脈硬化**により血管の内部が狭くなることで引き起こされる。ただし、血流が完全に止まってしまう心筋梗塞とは異なり、心筋の一部が一時的に酸素欠乏状態になる。症状は5分程度の**胸痛**と胸の圧迫感で、通常10分以内にはおさまる。**ニトログリセリン**等の舌下投与が有効である。

心不全では、むくみ、チアノーゼ、呼吸困難などの症状が現れる

心不全は、心臓のポンプ機能が低下し、血液を体全体に十分に送り出せなくなった状態である。**左心室**の機能が低下すると、栄養と酸素を含んだ血液を送り出す力が不十分になるために**チアノーゼ**や**呼吸困難**が起きる。**右心室**の機能が低下すると、老廃物と二酸化炭素を含んだ血液が排出されにくいため**むくみ（浮腫）**が生じる。

 ○ また、右心室の機能が低下すると、むくみ（浮腫）が生じる。

9

発達と老化の理解

④ 高齢者に多い症状・疾患

脳出血の最大の原因は、高血圧である

脳出血とは脳内の血管が何らかの原因で破れ、**脳の中**に出血した状態で、多くは**高血圧**によって起こる。脳出血が生じることで脳実質が破壊され神経細胞が死んでしまうため、さまざまな**後遺症**が残ることもある。

収縮期血圧が 140mmHg 以上、拡張期血圧が 90mmHg 以上の場合、高血圧とされる

「高血圧治療ガイドライン 2019」（日本高血圧学会）では、診察室で計った収縮期血圧が 140mmHg 以上、拡張期血圧が 90mmHg 以上を高血圧としている。

●血圧の基準（診察室血圧）

	収縮期血圧／拡張期血圧
正常血圧	120 ／ 80mmHg 未満
正常高値血圧	120 ～ 129 ／ 80mmHg 未満
高値血圧	130 ～ 139 ／ 80 ～ 89mmHg 未満
高血圧	140 ／ 90mmHg 以上

●降圧目標値（診察室血圧）

対象者	収縮期血圧／拡張期血圧
75 歳未満の成人	130 ／ 80mmHg 未満
糖尿病患者	130 ／ 80mmHg 未満
CKD 患者（蛋白尿陽性）	130 ／ 80mmHg 未満
75 歳以上の高齢者	140 ／ 90mmHg 未満

※家庭血圧の場合は、血圧の基準・降圧目標値とも、それぞれ 5mmHg 低くなる

 収縮期血圧が 140mmHg 以上、拡張期血圧が 80mmHg 以上だと、高血圧とされる。

脳梗塞は、大きく３つに分類される

脳梗塞は、脳の**血管**の詰まりや、脳の**血流**の著しい低下により部位の脳組織が壊死する状態のことで、３つに分類される。
①ラクナ梗塞：脳の**細い血管**が詰まって小さな脳梗塞ができる
②アテローム血栓性脳梗塞：脳や頸部の**太い血管**が詰まったり、はがれた血栓が脳の血管の一部に詰まった状態
③心原性脳塞栓症：心房細動、心臓弁膜症、心筋梗塞などのため**心臓**にできた血栓が血流で脳に流れてきて詰まった状態

高齢者のてんかんは、けいれんを伴わないことが多く、ほかの疾患との見分けが難しい

高齢者のてんかんは、意識がぼんやりしたり受け答えが不明瞭になるような発作が多く、**けいれん**がみられないことから、**認知症**と間違われやすい。原因は、**脳血管障害**が最も多い。

●高齢者てんかんに多い症状

> ぼんやりする（一時的）、反応がない（乏しい）、急に動きが止まる、口をモグモグさせる、意味のない動作を繰り返すなど

 × 拡張期血圧は 80mmHg 以上ではなく、90mmHg 以上である。

9

発達と老化の理解

④ 高齢者に多い症状・疾患

高齢者の肝疾患は慢性肝炎が多く、進行すると肝硬変に移行する

肝炎の原因の多くを占める肝炎ウイルスには、Ａ型、Ｂ型、Ｃ型などがある。そのうち慢性肝炎を引き起こすのはＢ型とＣ型であり、特にＣ型肝炎は慢性化しやすい。

肝硬変は肝臓が繊維化して硬くなってしまったもので、がんが発生することもある。近年では、生活習慣の乱れによる脂肪肝やアルコール性肝炎から肝硬変や肝臓がんになるケースも増加している。

慢性腎不全は、腎機能の不可逆的な低下により体液の恒常性が維持できなくなった状態である

腎不全は、急性腎不全、慢性腎不全の急性増悪、慢性腎不全の３つに大別される。急性腎不全と慢性腎不全の急性増悪は、腎機能障害により体液の恒常性を維持できなくなっている状態であり、慢性腎不全は、腎機能の不可逆的な低下により体液の恒常性が維持できなくなった状態である。慢性腎不全では食事療法が重要で、高カロリー食（塩分、たんぱく質、水分、カリウムは制限する）とする。

 肝炎の原因の多くを占める肝炎ウイルスには、Ａ型、Ｂ型、Ｃ型などがあり、Ａ型肝炎は慢性化しやすい。

白内障は水晶体に白濁（混濁）が起こるもので、ほとんどの高齢者に発生する

白内障は**加齢**に伴って増加し、70歳以上では約9割、90歳以上ではほぼすべての人が白内障とされる。初期の症状は**羞明**（眩しさ）、夜間視力の低下、近見障害（老眼）などで、進行すると単眼複視、高度の**視力低下**を生じる。軽度であれば点眼薬や内服薬で進行をおさえるが、日常生活に支障がでてきた場合は手術を行う。

緑内障には、眼圧が正常であっても起こる正常眼圧緑内障がある

緑内障は、**眼圧の上昇**により**視神経**が障害されて起こるが、眼圧が正常であっても同様の視神経障害が起こることがあり、これを**正常眼圧緑内障**という。緑内障の症状としては、**中心暗点**（視野が欠ける）、**視野狭窄**（視野が狭くなる）などがある。なお、激しい頭痛や眼痛が起こる**急性緑内障**では、速やかな受診が必要である。

 × 肝炎の原因の多くを占める肝炎ウイルスには、A型、B型、C型などがあり、そのうち慢性肝炎を引き起こすのはB型とC型であり、特にC型肝炎は慢性化しやすい。

9

発達と老化の理解

④ 高齢者に多い症状・疾患

難聴は、原因や障害のある部位によって、伝音性難聴と感音性難聴に大別できる

伝音性難聴は、音の振動を伝える**外耳**や**中耳**に障害があるもの（耳垢栓塞、中耳炎など）をいう。感音性難聴は、音を信号として感じ取る**内耳**や**聴覚神経**に障害があるものをいい、加齢性（老人性）難聴、**メニエール病**、突発性難聴などが含まれる。伝音性と感音性を併発する混合性難聴もある。なお、高齢者の難聴は**認知症**につながる危険もある。

高齢者に多いめまいやふらつきには、さまざまな原因がある

めまいやふらつきは、**回転性**、**浮動性・動揺性**、立ちくらみなどに分類される。頻度が高いのは、良性発作性頭位めまい症、**メニエール病**である。高齢者では、起立性低血圧、**脱水**、椎骨脳底動脈循環不全によるものも多い。

●めまいの種類と主な原因

回転性めまい （ぐるぐる回る感じ）	良性発作性頭位めまい症、メニエール病（耳鳴りや難聴を伴う）、突発性難聴、前庭神経炎、椎骨脳底動脈循環不全（脳に血液を送る動脈の狭窄によって生じる）、脳卒中（頭痛、しびれを伴う）
浮動性・動揺性めまい （くらくら・ふわふわする）	回転性めまいの慢性期に起こるもの、薬物、聴神経腫瘍、脊髄小脳変性症、眼精疲労、ストレス
立ちくらみ	起立性低血圧症、起立性調節障害、薬物、脱水、貧血

介護保険法には、同法上における認知症についての定義が明記されている

介護保険法では、認知症を「アルツハイマー病その他の神経変性疾患、脳血管疾患その他の疾患により**日常生活**に支障が生じる程度にまで**認知機能**が低下した状態として**政令**で定める状態をいう」としている（第5条の2第1項）。

ICD-10（国際疾病分類第10版）では、認知症を「通常、慢性あるいは進行性の脳疾患によって生じ、記憶、思考、見当識、理解、計算、学習、言語、判断等多数の高次脳機能の障害からなる症候群」と定義しています。

長谷川式簡易知能評価スケールは、認知症診断のための知能検査である

長谷川式簡易知能評価スケール（HDS-R）は日本で最も普及している認知症診断のための知能検査で、**記憶・見当識・計算**などに関係した9つの質問で構成されている。満点は30点で、20点以下の場合は、認知症の疑いありとされる。

 長谷川式簡易知能評価スケール（HDS-R）は、主に記憶力に関係した9つの質問で構成され、25点以下の場合は、認知症の疑いがあるとされる。

高齢者の認知症の程度は、「認知症日常生活自立度」で表される

●認知症高齢者の日常生活自立度判定基準

ランク	判定基準	みられる症状・行動の例
Ⅰ	何らかの認知症を有するが、日常生活は家庭内及び社会的にほぼ自立している。	──
Ⅱ	日常生活に支障をきたすような症状・行動や意思疎通の困難さが多少みられても、誰かが注意していれば自立できる。	──
Ⅱa	家庭外で上記Ⅱの状態がみられる。	たびたび道に迷うとか、買物や事務、金銭管理など、それまでできたことにミスが目立つ等
Ⅱb	家庭内でも上記Ⅱの状態がみられる。	服薬管理ができない、電話の応対や訪問者との対応など一人で留守番ができない等
Ⅲ	日常生活に支障をきたすような症状・行動や意思疎通の困難さがみられ、介護を必要とする。	──
Ⅲa	日中を中心として上記Ⅲの状態がみられる。	着替え、食事、排便、排尿が上手にできない、時間がかかる。やたらに物を口に入れる、物を拾い集める、徘徊、失禁、大声、奇声をあげる、火の不始末、不潔行為、性的異常行為等
Ⅲb	夜間を中心として上記Ⅲの状態がみられる。	ランクⅢaに同じ
Ⅳ	日常生活に支障をきたすような症状・行動や意思疎通の困難さが頻繁にみられ、常に介護を必要とする。	ランクⅢに同じ
M	著しい精神症状や周辺症状あるいは重篤な身体疾患がみられ、専門医療を必要とする。	せん妄、妄想、興奮、自傷・他害等の精神症状や精神症状に起因する問題行動が継続する状態等

本判定基準は、認知症高齢者の日常生活自立度判定基準（「『認知症高齢者の日常生活自立度判定基準』の活用について」〔平成18年4月3日老健第135号厚生省老人保健福祉局長通知〕の別添）による。

 ×　長谷川式簡易知能評価スケールは30点満点で、スコアが20点以下の場合に認知症の疑いがあるとされる。

認知症の症状は、中核症状と BPSD（行動・心理症状）に分類される

中核症状は認知症の**中核**となる症状で、原因疾患に罹患して認知症を発症した場合に 1 つ以上の症状がみられる。

●主な中核症状

> 記憶障害、見当識障害、理解・判断力の低下、実行機能障害、言語障害（失語）、失行・失認など

BPSD（行動・心理症状）は、**中核症状**の周辺にあると位置づけられるもので、必ずみられるとは限らない。

BPSD（行動・心理症状）の現れ方は多岐にわたり、個人差も大きい

BPSD（行動・心理症状）は、行動症状と心理症状に分けられる。症状は多岐にわたり、置かれている**環境**や人間関係、**性格**などが絡み合って起きてくるため、人によって現れ方が異なる。

●主な BPSD（行動・心理症状）

行動症状	暴言・暴力、拒絶、過食・異食、徘徊、不潔行動、睡眠障害など
心理症状	不安・焦燥、抑うつ、幻覚、妄想、せん妄など

 見当識障害は、初めに日付や時間がわからなくなることが多い。

認知症の中核症状として、見当識障害がある

見当識とは、**日時・場所・人物**などについて正しく認識する能力である。見当識に障害が起きると、今日は何月何日か、今は何時か、今自分がどこにいるのか、誰と話しているのかなどが正しく認識できなくなる。

見当識障害の多くは、①**日時の認識**→②**場所の認識**→③**人物の認識**の順で進むとされています。

認知症の中核症状として、失行・失認がある

失行・失認は、認知症の**中核症状**に分類される行動障害である。
◎**失行**：日常的に行っていた**動作**ができなくなる
◎**失認**：ものごとや状況が正しく**認識**できず、理解できなくなる

失認には、**視覚の失認**（みたものが何か理解できない）、**視空間の失認**（物の位置や配置、距離などが理解できない）、**触覚の失認**（触れたものが何か理解できない）、**聴覚の失認**（聴いた音が何か理解できない）などの種類があります。

 ○ 見当識障害は、日時→場所→人物の認識の順で進むことが多い。

認知症の理解

❶ 認知症の基礎的理解

認知症にはそれぞれ異なる原因があり、症状にも特徴がある

代表的な認知症として、**アルツハイマー**型認知症、**血管性認知症**、レビー小体型認知症、前頭側頭型認知症がある。

	アルツハイマー型認知症	血管性認知症	レビー小体型認知症	前頭側頭型認知症
原因	脳神経の変性による脳の**萎縮**	脳血管疾患（脳出血、脳梗塞など）	**レビー小体**の蓄積による脳神経細胞の死滅	脳の前頭葉や側頭葉の萎縮
症状	記憶障害、見当識障害、**物盗られ妄想**、徘徊など	記憶障害、情動失禁、言語障害、歩行障害など	**パーキンソン症状**、幻視、妄想、自律神経症状など	脱抑制（万引き、痴漢など）、自発性の低下など

アルツハイマー型認知症では、睡眠障害として昼夜逆転がみられることが多い

認知症における睡眠障害は、BPSD（行動・心理症状）として現れる。アルツハイマー型認知症では初期から**体内時計**が乱れて睡眠と覚醒のリズムが崩れるため、夜起きて朝寝るという**昼夜逆転**になりやすい。

レビー小体型認知症では、**レム睡眠時随伴症**（悪夢をみて叫ぶ、寝ぼけて暴れるなど）がみられることが多い。

 アルツハイマー型認知症では、エピソード記憶の障害が著しい。

アルツハイマー型認知症では、エピソード記憶や近時記憶の障害が著しい

アルツハイマー型認知症は脳の**変性**（萎縮）により起こるもので、初期症状として**健忘**（物忘れ）がみられる。**エピソード記憶**（出来事そのものの記憶）や**近時**記憶（最近の記憶）の障害が著しく、進行すると、**見当識**障害、注意障害、遂行機能障害、失認、失行などが加わり、社会的認知機能も障害される。

血管性認知症は、脳血管障害（脳出血・脳梗塞など）が原因となって発症する

血管性認知症の特徴的な症状として、会話や動作が**緩慢**になる、反応が鈍くなる、意欲や自発性が**低下**するなどがある。大脳基底核に病変がある場合は、**パーキンソン症状**（振戦、無動、固縮、小刻み歩行など）などの**運動障害**を伴う。また、感情のコントロールがつかず、すぐに泣き出したり、怒ったりする**情動（感情）失禁**もみられる。

○ エピソード記憶の障害とは、食事で例えると、「何を食べたか」ではなく、食べたこと自体を忘れてしまうことをいう。

前頭側頭型認知症は、認知症の中では比較的若い年齢で発症することが多く、診断が遅れることがある

前頭側頭型認知症は、比較的若い年齢（40〜60歳代）での発症が多く、物忘れや幻覚などの症状が中心ではないため、**診断**が遅れることがある。**前頭葉**（人格・理性・感情をコントロールする）が萎縮すると抑制がきかなくなり（脱抑制）、反社会的行動をとることがある。また、**側頭葉**（言語・記憶・聴覚を司る）が萎縮すると自発性の**低下**、失語症状などが現れる。

レビー小体型認知症は、初期から生じる幻覚、特に幻視が特徴である

レビー小体型認知症は、脳の神経細胞に特殊なたんぱく質（**レビー小体**）が蓄積することによって起こる。症状としては、記憶障害などの認知症の症状に加え、**パーキンソン症状**や**幻視**がみられる。幻視は比較的初期から現れ、**具体的**で**鮮明**であることが特徴である。

 前頭側頭型認知症では、反社会的行動がみられることがある。

check!
○○○

若年性認知症とは、65歳未満で発症する認知症をいう

若年性認知症は、65歳未満で発症する認知症であり、作業能率の低下など、**実行機能の障害が先行して生じる場合がある。**若年性認知症の原因疾患としては、**アルツハイマー病**や**血管性認知症**が多くなっている。若年性認知症で介護保険の第2号被保険者は、市町村が認めた場合に、障害福祉サービスを利用することができる。

check!
○○○

慢性硬膜下血腫では、転倒による脳打撲があった数週間から3か月後くらいに、頭痛やもの忘れの症状がみられる

慢性硬膜下血腫の原因には**転倒**による**脳打撲**があり、打撲時は痛みのほかは症状がみられないが、**硬膜と脳の間に徐々に血液が溜まって血腫**ができ、打撲後、数週間から3か月後くらいに、頭痛やもの忘れの症状が生じる。

A ○ 前頭側頭型認知症では、前頭葉が萎縮すると抑制がきかなくなり（脱抑制）、反社会的行動をとることがある。

227

check!

うつ病やせん妄は、認知症の症状に似ているため、間違われやすい

うつ病は、意欲の低下や無関心などの症状を示すため、認知症が現れたと間違われる場合がある。また、**せん妄**も、幻視、幻聴、妄想などを示すことから、認知症が現れたと間違われる場合がある。なお、**せん妄**の原因には、脱水、脳の器質疾患、感染症、栄養失調、手術の影響などがある。

check!

軽度認知障害（MCI）は、認知症の予備軍ととらえられている

軽度認知障害（MCI）は、認知症の前段階、健常状態と認知症の中間の状態とされる。診断を受けた人すべてが**認知症**になるわけではなく、適切な治療・予防をすることで健常状態に回復したり、認知症の**発症**を遅らせることができる可能性があるため、早期に受診し、診断を受けて適切な対処をすることが重要である。

 軽度認知障害（MCI）は、診断を受けた人すべてが認知症になるわけではない。

徘徊は、本人にとっては目的がある場合が多い

徘徊は、記憶障害や見当識障害などの**中核症状**に加え、ストレスや不安などが発端となって起こる BPSD（行動・心理症状）である。客観的には意味のない行動にみえても、本人にとっては誰かに会いに行くなどの**目的**があることが多い。

徘徊は切実な行動である場合もあるので、無理にやめさせるのではなく、**安全**に十分配慮しつつ、落ち着いて声をかけるなどの対応が大切です。

リアリティ・オリエンテーション（RO）は、現実認識を強める

リアリティ・オリエンテーションは**現実認識**を高めるような情報を与えるもので、いつもそうしたかかわり合い方をする**24時間リアリティ・オリエンテーション**と、同程度の認知機能障害をもつ少人数のグループに対して決まった時間の中で行う**教室リアリティ・オリエンテーション**がある。

 軽度認知障害（MCI）は、適切な治療・予防をすることで健常状態に回復したり、認知症の発症を遅らせることができる可能性がある。

check!

回想法は、認知症高齢者だけでなく一般の高齢者にも有効である

回想法は、高齢者の過去の思い出について語り合い、**長期記憶**に働きかける心理療法で、老年期の発達課題である「自己の**受容**と**統合**」にも効果があり、高齢者全般に有効である。

check!

音楽療法には、活動的な方法と受動的な方法がある

音楽療法には、歌ったり演奏したり、音楽に合わせて身体を動かしたりする**活動的**な方法と、音楽を聴いて心身の統合を図る**受動的**な方法がある。認知症の**初期段階**で有効とされる。

check!

パーソン・センタード・ケアは、認知症の人の気持ちに寄り添って行うケアである

パーソン・センタード・ケアとは、**個性**（その人らしさ）を中心に据え、**尊厳**に配慮し、認知症の人の気持ちに**寄り添って**行うケアであり、さまざまな視点から「**一人の人間**」としてとらえるために、5つのアプローチ（認知障害、健康状態や感覚機能、個人史・生活歴、性格、社会心理学）をあげている。

 回想法は長期記憶に働きかける心理療法である。

ユマニチュードは、包括的コミュニケーションに基づいたケアの技法で、人間らしさを支えることを理念としている

ユマニチュードは、知覚・感情・言語などによる包括的コミュニケーションに基づいたケアの技法で、**見る**（しっかりと見つめ合う）、**話す**（優しく話しかける）、**触れる**（体に優しく触れる）、**立つ**（立位をとる機会をつくる）の４つを柱にして人間らしさを支えることを理念としている。

認知症ライフサポートモデルは、認知症の人への統合的な生活支援を意味している

認知症ライフサポートモデルは、認知症の人への医療・介護を含む**統合的**な生活支援であり、各専門職が相互の役割や機能を理解しながら**統合的**な支援に結びつけていくことを目指している。実現するためには、本人の**ニーズ**を多面的に捉えること、チーム内で目標を共有し**チームケア**に取り組むことなどが挙げられる。

回想法は長期記憶に働きかける心理療法で、認知症高齢者だけでなく、高齢者全般に有効である。

check!

認知症初期集中支援チームは、認知症の疑いがある者などに対する初期支援を行う

認知症初期集中支援チームは、**地域包括支援センター**などに配置され、自立生活のサポートとして、看護師、保健師、作業療法士などの複数の専門職が、認知症の疑いがある者、初期の認知症がある者及びその家族を訪問し、アセスメントや家族支援などの**初期支援**を包括的かつ集中的に行う。その際、**チーム員会議**を開いてケアの方針を決める。

check!

認知症地域支援推進員は、コーディネーターの役割を担っている

認知症地域支援推進員は地域包括支援センターや市町村に配置され、医療機関、介護サービス、地域の支援機関等をつなぐ**コーディネーター**の役割を担っている。

認知症地域支援推進員の業務には、専門医療の専門機関などについての紹介、認知症に関する**情報提供**、認知症と確定診断を受けた高齢者の情報の把握、家族等からの認知症に関する**総合相談**などがある。

 認知症カフェ（オレンジカフェ）は、認知症の人が働ける場として創設された。

認知症カフェ（オレンジカフェ）は、認知症の人や家族、地域住民、専門職などの誰もが参加できる集いの場である

認知症カフェ（オレンジカフェ）は、認知症の人や家族、地域住民、専門職などが参加して情報交換等を行う場であり、**誰でも利用することができる**。認知症施策推進総合戦略（新オレンジプラン）では、認知症の人の**介護者**への支援として設置が推進されている。

認知症サポーターは、地域や職域で、認知症の人や家族に対して手助けをすることを目的に誕生した制度である

認知症サポーターは、認知症に関する正しい**知識**と**理解**をもち、地域や職域で、認知症の人や家族に対して**できる**範囲で手助けをすることを目的として、2005（平成 17）年から養成が始まった。2023（令和 5）年 12 月末で約 1,511 万人のサポーターが誕生している。

 × 認知症カフェ（オレンジカフェ）は認知症の人や家族、地域住民、専門職などが参加して情報交換等を行う場である。

認知症対応型通所介護は、認知症のある要介護者の心身機能の維持・回復、家族の介護負担の軽減等を図ることを目的としている

認知症対応型通所介護（認知症デイサービス）は**地域密着型サービス**の１つで、利用者の心身機能の維持・回復、社会的孤立の解消、家族の介護負担の軽減を図ることを目的としている。対象者は認知症と診断された**要介護者**で、要支援者は、**介護予防**認知症対応型通所介護を利用できる（いずれも**急性期**を除く）。

認知症対応型共同生活介護は、家庭的環境と地域住民の交流のもと、少人数の共同生活を送る中で、日常生活上の世話と機能訓練を行う

認知症対応型共同生活介護（グループホーム）は**地域密着型サービス**の１つで、介護スタッフとともに少人数（５～９人）の共同生活を送る形態である。対象者は認知症と診断された**要介護者**で、要支援２の者は**介護予防**認知症対応型共同生活介護を利用できるが、要支援１の者は利用できない（いずれも**急性期**を除く）。

11 障害の理解

国連は、1975（昭和50）年に、障害者の権利宣言を採択した

1975（昭和50）年、国連において、知的障害、精神障害、身体障害すべての**障害者の権利宣言**が採択され、障害者は人として**尊重**される権利を生まれながらにしてもっていること、障害を理由に**差別**されないこと、可能なかぎり**普通**の生活を送ることができる権利をもっている、ということが示された。

わが国は、2014（平成26）年1月、障害者権利条約を批准した

障害者権利条約は、2006（平成18）年12月に採択され、2008（平成20）年5月に発効した。わが国は2007（平成19）年9月に署名し、その後、**障害者基本法**や**障害者差別解消法**の成立により、国内の法律が条約の水準に達したとして2013（平成25）年12月に参議院本会議で条約の批准を承認し、2014（平成26）年1月20日付けで批准した。

 障害者の権利宣言には、障害者は人として尊重される権利をもっていることなどが示されている。

check!

障害者基本計画は、障害者のための施策の最も基本的な計画として位置づけられる

障害者基本計画は、障害者基本法第11条第1項に基づき、障害者の自立及び社会参加の支援等のための施策の総合的かつ計画的な推進を図るために策定される。2023（令和5）〜2027（令和9）年度の5年間は第5次計画となる。

check!

精神保健福祉法で定義する精神障害者には、知的障害者が含まれている

精神保健福祉法では、精神障害者を「統合失調症、精神作用物質による急性中毒又はその依存症、知的障害、精神病質その他の精神疾患を有する者」と定義している。定義上、知的障害を含んでいるが、知的障害者は、精神障害者保健福祉手帳の対象にはならない。

○ 他に、障害を理由に差別されないこと、可能なかぎり普通の生活を送ることができる権利をもっている、ということが示されている。

11

障害の理解

① 障害の基礎

障害者手帳には、身体障害者手帳、精神障害者保健福祉手帳、療育手帳の3種類がある

「障害者手帳」は、障害のある人が取得できる手帳の総称で、**身体障害者手帳**、**精神障害者保健福祉手帳**、**療育手帳**の3種類がある。障害者手帳の種類ごとに対象疾患と等級が定められている。

身体障害者手帳には、障害の程度によって、1～6級の等級がある

障害程度は、身体障害者障害程度等級表により1～7級に分類されるが、身体障害者手帳は、1～6級に該当する者が受けることができる（7級の障害が2つ以上重複してある場合は6級となる）。障害の程度は、1級が最も重度で、6級が最も軽度である。その障害が「**永続すること**」*が要件となっている。

＊障害が固定されており、身体の機能が回復する可能性が極めて低い状態にあること

 療育手帳は、知的障害児・者に交付される。

精神障害者保健福祉手帳には、障害の程度によって、1〜3級の等級がある

精神障害者保健福祉手帳は、精神障害者の自立と社会参加を支援するために、1995（平成7）年に精神保健及び精神障害者福祉に関する法律（精神保健福祉法）で規定された。障害の程度により1〜3級に分かれる。また、この手帳の有効期間は2年である。精神障害者保健福祉手帳などの障害者手帳には、写真が貼付される。

知的障害児・者が所持する療育手帳は、都道府県が交付する

療育手帳は**知的障害児・者**に交付される。児童相談所（18歳未満）または知的障害者更生相談所（18歳以上）において知的障害と判定された場合に、都道府県知事または政令指定都市または児童相談所を設置する中核市の市長から交付される。手帳には障害の程度が記載されている。

 ○ 療育手帳は、知的障害児・者に対して都道府県が交付する。

11

障害の理解

① 障害の基礎

わが国における身体障害児・者の概数は436万人である

わが国における身体障害、知的障害、精神障害の3区分における障害者数の概数は、**身体**障害者（児を含む）が436万人と最も多く、次いで**精神**障害者が614万8千人、**知的**障害者（児を含む）が109万4千人となっている（令和5年版「障害者白書」参考資料）。人口千人当たりの人数でみると、**身体**障害者は34人、**知的**障害者は9人、**精神**障害者は49人となる。

3区分における障害者のうち、施設入所の割合が最も高いのは知的障害者である

施設入所（入院）者の割合は、**身体**障害者（児を含む）1.7%、**精神**障害者4.7%、**知的**障害者（児を含む）12.1%となっており、**知的**障害者の施設入所の割合が高い（同上）。
知的障害者を年齢別に見ると、身体障害者と比べて18歳未満の割合が高く、65歳以上の割合が低いのが特徴である。

 精神障害者は、障害者基本法で定義する障害者の対象には含まれない。

11

障害の理解

check!

障害者基本法上、障害者とは、障害のために継続的に生活に相当な制限を受ける者をいう

障害者基本法第2条において、「障害者」とは、「**身体障害、知的障害、精神障害（発達障害を含む。）**その他の心身の機能の障害（以下「障害」と総称する。）がある者であつて、障害及び社会的障壁により継続的に**日常生活又は社会生活**に相当な制限を受ける状態にあるものをいう」と定義されている。障害者基本法によって、初めて**精神障害者**が障害者施策の対象であることが法律上に明記された。

check!

❶ 障害の基礎

身体障害者福祉法上、身体障害者とは身体障害者手帳の交付を受けた者をいう

身体障害者とは、「身体上の障害がある18歳以上の者であつて、**都道府県知事**から身体障害者手帳の交付を受けたものをいう」と、定義されている（身体障害者福祉法第4条）。

 × 障害者基本法において、障害者とは、身体障害、知的障害、精神障害（発達障害を含む。）その他の心身の機能の障害がある者と定義されている。

check!

身体障害には、肢体不自由のほか、視覚障害、聴覚障害、内部障害などがある

身体障害には、肢体不自由（上肢・下肢・体幹）のほか、**視覚**障害（視力・視野）、**聴覚**障害（平衡機能障害を含む）、音声・言語・そしゃく機能障害、**内部**障害（心臓機能障害など7種類）などがある。

check!

肢体不自由は、中枢神経の損傷や疾病に由来するものと、中枢神経系以外に起因するものに大別できる

●肢体不自由の種類

	原因	障害の重複
中枢神経（脳、脊髄）に由来するもの	中枢神経の損傷や疾病（脳性麻痺や脳血管障害など）	知能、言語、記憶、知覚などの障害が**重複**することが多い
中枢神経系以外に起因するもの	末梢神経、筋肉、骨・関節の損傷や疾病、四肢の切断や形成不全など	知能、言語、記憶、知覚などの障害が重複する可能性は**低い**

 脊髄損傷では、損傷を受けた部位より下位の神経が機能しなくなる。

脊髄の損傷で神経伝導路が切断されると、下位の神経は機能しない

外傷や腫瘍などのために**脊髄損傷**が起きると、損傷を受けた部分より**下位**の神経が機能しなくなる。例えば、腰髄（ようずい）を損傷した場合は、下肢が麻痺し、**排尿排便障害**が起きる。頸髄（けいずい）を損傷した場合は、下肢の麻痺と排尿排便障害に加えて、体幹と上肢の麻痺が生じる。

②身体障害

●主な麻痺

	四肢麻痺	片麻痺（かたまひ）	対麻痺
麻痺する部位	色付部分は麻痺 四肢すべて	右または左のどちらか片側	両上肢または両下肢 （通常は両下肢麻痺）
主な原因	頸髄損傷 脳性麻痺	脳血管疾患 （右脳損傷→**左片**麻痺） （左脳損傷→**右片**麻痺）	脊髄損傷 （腰髄損傷→両下肢麻痺）

腰髄を損傷した場合は下肢に麻痺が生じ、頸髄を損傷した場合は体幹、上肢、下肢に麻痺が生じる。

頸髄損傷者では、体温調節機能の障害を伴うことが多い

頸髄を損傷すると、**体温調節機能**に障害を受ける。このため、外気温が変動すると体温も変動してしまうので、**室内温度の管理**が重要である。

脊髄損傷では、褥瘡予防を心がける

脊髄を損傷すると、下肢の麻痺、さらに体幹や上肢の麻痺が生じるので寝返りを打つことが困難になり、**褥瘡**が発生しやすい。**褥瘡**はできてしまうと悪化しやすいので、定期的な**体位変換**をするなど、極力予防を心がける。

脳性麻痺では、身体状況は変化しても、脳の病変は進行しない

脳性麻痺は、受胎から生後 4 週間までに起きた脳の病変による運動・姿勢の異常である。原因となっている病変は、低体重や仮死、黄疸などによる非進行性のものである。ただし、身体状況は成長（加齢）に伴って変化する。

 脳血管疾患の後遺症による片麻痺は、脳が損傷を受けた場所の逆側に生じる。

脳血管疾患後遺症の片麻痺は、脳が損傷を受けた場所の逆側に起きる

右脳に出血や梗塞（こうそく）による損傷が起きた場合は**左片麻痺**、左脳に損傷が起きた場合は**右片麻痺**が生じる。右片麻痺、左片麻痺ともに、麻痺側の感覚機能の障害、筋力の低下、筋の緊張等が起きて**歩行障害**が起きる。

脳卒中の後遺症では、麻痺側（まひそく）の筋緊張が強まることが多い

中枢神経の麻痺では、**痙性麻痺**（けいせい）という、突っ張った状態になる麻痺が起きやすい。

覚えよう

脳卒中後遺症は、どちら側の麻痺かによって、その他の障害の見当がつきます。
右側麻痺ならば**失語症**、左側麻痺ならば**空間認識障害**をもつことが多いのです。

○ 右脳が損傷した場合は左片麻痺、左脳が損傷した場合は右片麻痺が生じる。

11

障害の理解

② 身体障害

視覚障害には、視力低下や視野狭窄（きょうさく）などがあり、それらを引き起こす原因疾患がある

視覚障害とは、**視力低下**、**視野狭窄**などによって生活に支障が生じている状態をいい、それらを引き起こす**原因疾患**がある。

◎**視力低下**：糖尿病性網膜症、白内障、緑内障、加齢黄斑変性症（かれいおうはんへんせいしょう）、網膜色素変性症、ベーチェット病など

◎**視野狭窄**：緑内障、加齢黄斑変性症、網膜色素変性症、網膜剥離など

視覚障害には、光も感じない状態の**全盲**と、見えづらい状態の**弱視**（ロービジョン）があります。

視覚障害の認定は、視力と視野の両面から行う

視覚障害は、身体障害者障害程度等級表において、**視力**と**視野**それぞれの程度別に障害の等級が定められている。同じ等級に**重複して障害がある場合**は、**1つ上の障害等級**になる。例えば、視力・視野共に4級の障害程度であれば、視覚障害3級と認定される。視覚障害には、**盲と弱視**（ロービジョン）の2通りがあり、障害程度等級は1〜6級まである。

Q 点字は、右から左へと読むようにできている。

点字は、凸部を左から右になぞって読む

点字は、視覚障害者が指先の感触を使って読む字である。6個の点の組み合わせで表示され、読み方は**左から右**へと読むようにできている。

部屋の様子は、入口など基点を決めて説明する

視覚障害者に部屋の様子を説明するときには、**位置関係**を想像しやすいように入口などを**基点**に決めて、そこからの位置を説明する。

ガイドヘルプの際、視覚障害者に介護福祉職の肘の上または肩を軽く握ってもらう

ガイドヘルプの際、視覚障害者に介護福祉職の**肘の上または肩**を軽く握ってもらい、介護福祉職は半歩前を歩く。
白杖を利用している場合は、白杖をもつ手の反対側に立つ。

 × 点字は、左から右へと読むようにできている。

11

障害の理解

❷ 身体障害

視覚障害者に対しては、室内だけで過ごさず、安全に外出ができるよう介助する

視覚障害者は、屋外に出ると不安が大きいために、閉じこもりやすい。しかし、できる限り介護福祉職が介助し、ノーマルな社会参加ができるように支援する。

先天性視覚障害では、バーバリズムが生じやすい

先天性視覚障害者の場合、具体的なイメージをもつために必要な生活体験が欠け、言葉が一人歩きして物事の正確な理解が困難になる。これをバーバリズム（唯言語主義）という。

加齢黄斑変性症は、成人の主な失明原因の1つである

加齢黄斑変性症は網膜の中心にある黄斑に病変が起きる疾患で、進行すると視野の中心が欠損する。近年、わが国でも増加している。

 高齢者の難聴は、一般的に伝音性難聴であることが多い。

高齢者の難聴は感音性難聴が多く、補聴器の効果は低い

難聴には、伝音器（外耳から中耳）の障害で補聴器の効果がある**伝音性難聴**と、感音器（内耳より奥）の障害で補聴器の効果が低い**感音性難聴**がある。高齢者に多い**感音性難聴**は補聴器の効果が低いが、調整しながら用いる。

伝音声難聴と感音性難聴は障害される場所が異なるため、両者を併せもった**複合性難聴**もあります。

難聴は耳鳴りを伴うことが多く、特に感音性難聴で顕著である

耳鳴りは、外界からの音がないのに「キーン」などと鳴り響く音の感覚である。耳鳴りはあくまで**自覚的**な症状なので訴えても理解されにくく、不安を感じたり、耳鳴りに意識を集中してしまうなど**心理面**にも影響を及ぼす。

耳鳴りそのものを消失させる薬はありませんが、不安やうつ傾向の合併がある場合は、**抗不安薬や抗うつ薬**が用いられることがあります。

 × 高齢者の難聴では、感音性難聴が多い。

11

障害の理解

② 身体障害

check!

言いたい内容が言葉にできない状態を、運動性失語という

失語症は、脳の言語領域の損傷のために、以前はもっていた言語能力を失い、言語表現ができなくなったり、言語の理解ができなくなったりする疾患である。そのうち、**運動性失語（ブローカ失語）**は、他人の言葉は理解できるが、自分で言語表現ができない状態をいう。

check!

感覚性失語症の人には、大きな声で話しても効果はない

感覚性失語（ウェルニッケ失語）は、失語症のうちで、言葉の意味がわからなくなる状態をいう。相手の話の意味がわからず、本人も言葉の発声は流暢であるが、言っている内容が支離滅裂になる。したがって、大きな声で話しても効果はない。

Q 運動性失語では、自分で言語表現できるが、他人の言葉が理解できない。

構音障害のある者に対しては、発音を訂正させたりしない

構音障害とは、脳の言語領域の損傷ではなく、言語の発声に必要な器官の**運動機能**の低下や**麻痺**があるために、正しく発音できない状態をいう。発音が不明瞭で上手に話せないことに本人自身が傷ついているので、介護福祉職は発音を訂正させる（直させる）など自尊心を傷つけるような働きかけをしないようにする。

●失語症と構音障害

言語障害		原　因	症　状	支援方法
失語症	運動性失語（ブローカ失語）	脳の言語領域の損傷	他人の言葉は理解できるが自分で言語表現ができない	・ゆっくり話す ・わかりやすい言葉を用いる
	感覚性失語（ウェルニッケ失語）		言葉の意味がわからない	・**クローズド・クエスチョン**を用いる ・**非言語的メッセージ**を大切にする
構音障害		発音に必要な器官の機能低下、麻痺	正しく発音できない	・発音を訂正しない ・ゆっくり聞く

 ×　他人の言葉は理解できるが、自分で言語表現ができない。

check!

内部障害は外見からはわかりにくく、周囲の理解が得られにくい

身体障害者福祉法に定められている**内部障害**は、体の内部に障害があるもので、①**心臓機能障害**、②**腎臓機能障害**、③**呼吸器**機能障害、④**膀胱**・**直腸**機能障害、⑤**小腸機能障害**、⑥ヒト免疫不全ウイルス（HIV）による**免疫機能障害**、⑦**肝臓機能障害**の７つがある。外見からわかりにくいため、周囲の理解と配慮が必要である。

check!

心臓機能障害者は便秘になりやすいので、食事や排泄に注意する

心臓機能障害者は、塩分制限だけでなく、水分制限や運動制限を受けるために、**便秘**になりやすい。排便のためにいきむことは心臓の負担になるので、**食物繊維**を豊富に含む食材を選ぶなどの工夫をし、便通に注意する。

 血液透析は、装置を介して医療機関で行う人工透析である。

11

障害の理解

❷ 身体障害

腎臓機能障害者が行う人工透析には、血液透析と腹膜透析がある

人工透析は、**腎臓**の機能を代行して人工的に血液を浄化する治療法で、**血液**透析と**腹膜**透析がある。

血液透析	透析装置を介して透析を行う方法で、血液を装置に通して余分な水分や老廃物を取り除き、浄化された血液を再び体内に戻す	• 医療機関に週に3回程度通院して行う • 1回の治療時間は3〜5時間
腹膜透析	自身の腹膜を介して体内で透析する方法で、腹部から透析液を注入し、一定時間後に排出することで老廃物や余分な水分を取り除く	• 自宅などで行うことが可能 • 透析液交換は1日4回程度（1回につき20〜30分） • 通院は月に1回程度

呼吸器機能障害のある人は、気道の粘膜が乾燥しないように対策する

空気が乾燥していると、喉や気道の粘膜が乾燥して粘膜の**防御機能**が低下し、異物によるダメージを受けやすくなる。特に呼吸器機能障害者の場合は、乾燥によって**咳**が出やすく、喘息発作や呼吸困難を引き起こすことがある。

居室の乾燥を防ぐためには、**加湿器**を活用します。また、マスクをつけると呼気によってマスク内の**湿度**が上がるので、喉の粘膜を潤すのに効果的です。

○ 一方、腹膜透析は、自身の腹膜を介して自宅等で行う人工透析である。

肝臓機能障害は、初期には症状がほとんどみられない

何らかの原因で肝臓が障害されて炎症が起きると、肝細胞が破壊されて肝細胞に含まれる**酵素**（ALT、AST、γ GTP など）が血液中に漏れ出し、血液検査でそれらの異常値が認められる。初期には症状がほとんどみられないため、**健康診断**などの血液検査で発見されることが多い。

急性肝機能障害	急性ウイルス性肝炎、薬剤性肝炎など
慢性肝機能障害	B 型・C 型肝炎ウイルスによる慢性肝炎、**アルコール**性肝炎、脂肪性肝炎、自己免疫性肝炎など

尿路ストーマ（ウロストミー）では、尿路感染症に注意する

尿路ストーマ（ウロストミー）は、膀胱がんや外傷などによって尿路が損傷した場合に、**腎臓**から尿を排泄するために造設される。尿によってストーマ装具周辺の皮膚が汚染されやすいため、**スキンケア**を正しく行い、腎盂腎炎などの**尿路感染症**を引き起こさないように注意する。

 排出される便の形状は、イレオストミーでは固形に近く、コロストミーでは水様便となる。

check!

人工肛門<ruby>こうもん</ruby>は、小腸に造設されるものと大腸に造設されるものに大別される

人工肛門（消化管ストーマ）は、直腸がんや大腸がんの手術などにより肛門からの排便が困難になる場合に、**一時的**に、または**永続**的に造設される。人工肛門は造設部位ごとに呼び方が異なるが、大きく分けると大腸（多くは結腸）に造設される**コロストミー**と、小腸（多くは回腸）に造設される**イレオストミー**の２つがある。

 排出される便の形状は、コロストミーでは**固形**に近く、イレオストミーでは**水様便**となります。

check!

ヒト免疫不全ウイルス（HIV）による免疫機能障害は、免疫機能が低下する障害である

ヒト免疫不全ウイルスによる免疫機能障害は、内部障害の１つで、HIV感染により、永続的に免疫機能の著しく**低下**する状態をいう。免疫機能が低下すると、通常では問題にならないような弱い病原体によってさまざまな**感染症**が起こりやすくなる。

 × 排出される便の形状は、コロストミーでは固形に近く、イレオストミーでは水様便となる。

③ 知的障害

知的障害の診断は、知能指数だけでなく、社会適応力など総合的に行われる

知的障害者は、一般的には、「知的機能の障害が**発達期**（おおむね18歳まで）に現れ、日常生活に支障が生じているため、何らかの特別の援助を必要とする状態にあるもの」と定義されている。知能指数だけでなく、**社会適応力**や**学習能力**など総合的な見地から診断される。

知的障害は、発達障害や精神疾患を併発している場合がある

知的障害は、注意欠陥多動性障害（ADHD）や自閉スペクトラム症（自閉症スペクトラム障害；ASD）などの**発達障害**や、抑うつ・双極性障害・不安障害などの**精神疾患**を併発していることが少なくない。一般に**気づかれにくい**傾向があるため、注意が必要である。

Q 精神障害は、その原因によって内因性、外因性の2つに分類できる。

精神障害は、原因によって内因性、外因性、心因性に分類できる

精神障害は、その原因によって**内因性**、**外因性**、**心因性**の３つに分類できる。

	発症の原因		代表的な疾患
内因性	**遺伝**や**体質**（脳内の神経伝達物質の異常）		統合失調症、うつ病、双極性障害など
外因性	**身体的**な疾患・障害・外的刺激など	症状性	身体疾患（感染症、代謝疾患、内分泌疾患など）に伴うもの
		器質性	脳の器質的な変化によるもの（認知症、高次脳機能障害など）
		中毒性	薬物依存症やアルコール依存症などによるもの
心因性	**心理的**な要因（過度なストレス、性格の偏向など）		心身症、神経症、パニック障害、睡眠障害、ストレス関連障害、うつ病など

精神障害の症状は、知覚・思考・感情・意識の障害として現れる

精神障害の症状は、**知覚の障害**（錯覚、幻覚など）、**思考の障害**（思考制止、思考途絶、妄想など）、**感情の障害**（感情鈍麻、情動失禁、抑うつなど）、**意識の障害**（せん妄など）に分類できる。

 × 精神障害は、その原因によって内因性、外因性、心因性の３つに分類できる。

check!

老年期うつ病は、抑うつ症状が目立たないという特徴がある

老年期のうつ病は、若年期に比べて**不安**や**焦燥感**（しょうそうかん）が強く現れることが多いが、**抑うつ症状**（気分の落ち込み）は目立ちにくい傾向にある。また、老年期うつ病は頭痛や肩こりなどの**身体症状**を伴うことが多く、**生活環境**の変化が発症のきっかけになるケースもみられる。

check!

統合失調症の症状には、陽性症状と陰性症状がある

統合失調症の症状には、**陽性症状**と**陰性症状**がある。
◎**陽性**症状：幻聴、妄想、滅裂思考、奇異な行動など
◎**陰性**症状：感情鈍麻、無気力、自発性の低下など
このほか、抑うつ、自殺念慮（ねんりょ）（死にたいと思うこと）などの症状もみられる。

覚えよう

統合失調症は、10代の**思春期**から**中年期**までに発症することが多い精神疾患です。

Q 高齢者の妄想性障害では、妄想の対象に対して行動として攻撃性を示すことが多い。

不安障害には多くの種類があり、不安や恐怖が過剰となって日常生活に支障をきたす

●主な不安障害

全般性不安障害	特定のことや状況でなく、あらゆることに不安を抱く
特定の恐怖症	特定の物（動物、血液など）や状況（高所、閉所など）に不安を抱く
社会不安障害	人前で話すときなどに過度に緊張し、不安と恐怖を感じる
パニック障害	パニック発作（突然強い恐怖や不安に襲われ、動悸、めまい、呼吸困難などを起こす）、予期不安、広場恐怖を3大症状とする
強迫性障害	強迫観念（強いこだわり）や強迫行為（過度に手を洗うなど）にとらわれる
心的外傷後ストレス障害（PTSD）	強い恐怖体験により心的外傷を受けた後、体験した事件を突然生々しく思い出したり（フラッシュバック）、恐怖感に襲われたりする

高齢者の妄想性障害では、妄想の対象が特定の身近な人物であることが多い

高齢者の妄想性障害では、妄想の対象が**特定**の**身近**な人物であることが多く、具体的な人名をあげることがある。また、高齢者の妄想性障害では、妄想の対象に対して強い**攻撃性**を示すことが多いが、実際の行動として攻撃することは少ない。

 × 高齢者の妄想性障害では妄想の対象に対して強い攻撃性を示すことが多いが、行動として攻撃することは少ない。

高齢者のアルコール依存症は、若年発症型と 老年発症型に分けられる

高齢者のアルコール依存症には、若年期に発症して老年期まで続いた**若年発症型**と、老年期に初めて発症した**老年発症型**があり、若年発症型ではアルコール依存の**家族歴**や**遺伝**の影響が大きく、老年発症型では、身体の老化、近親者の**喪失体験**、**環境**の変化などが大きく影響する。

高次脳機能障害の症状には、遂行<ruby>機能障害<rt>すいこう</rt></ruby>や 社会的行動障害などがある

高次脳機能障害の場合には、**遂行機能障害**、**社会的行動障害**、注意障害、半側空間無視、記憶障害などの症状がみられる。

遂行機能障害	自分で日常生活や仕事について計画を立てても実行できない
社会的行動障害	依存傾向や固執性などがある
注意障害	同時に2つ以上のことをしようとすると混乱する
半側空間無視	患側の空間に注意を欠き、転倒しやすい

 高次脳機能障害では、記憶障害は起こらない。

心身症は、心理的な原因により症状が身体面に現れる

心身症は、ストレスなどの心理的な要因で自律神経や内分泌機能のバランスが崩れ、胃潰瘍（いかいよう）、高血圧症、喘息（ぜんそく）などの身体症状を起こすものである。

双極性障害（気分障害）とは、躁病とうつ病を示す疾患である

双極性障害（気分障害）は、気分が高揚した躁病と、気分が沈みこんだうつ病を示す疾患で、老年期ではうつ病がみられることが多く、治療として抗うつ薬が投与される。

幻覚・妄想の訴えは、頭から否定しない

介護福祉職は、幻覚や妄想を頭から否定するのではなく、その利用者にとっての事実としてとらえ、利用者の世界を傷つけないようにゆっくりと話を聴く。

 × 高次脳機能障害では、記憶障害の症状もみられ、日常生活に支障をきたしやすい。

11

障害の理解

④ 精神障害（発達障害）

check!

自閉スペクトラム症は、広汎性発達障害を連続的にとらえた概念である

DSM-5 では、アスペルガー症候群などの下位診断分類をなくし、広汎性発達障害を連続的にとらえた概念である**自閉スペクトラム症**（自閉症スペクトラム障害；ASD）という診断名に統合された。

check!

学習障害（LD）は、特定の能力に困難さをもつ障害である

基本的には全般的な知的発達に遅れはないが、**聞く、話す、読む、書く、計算する、推論する**能力のうち、特定のものの習得と使用に著しい困難を示す状態を指す。

check!

注意欠陥多動性障害（ADHD）の症状の1つに、衝動性がある

注意欠陥多動性障害（ADHD）の症状には、**衝動性**、極端な多動、注意力の障害などがある。**衝動性**は、欲求が満たされない場合に示すことが多い。

 学習障害（LD）は、全般的な知的発達に遅れはない。

「指定難病」のうち、重症度が一定程度以上の場合、医療費が助成される

難病医療費助成制度は、2014（平成26）年に公布された**難病法**に基づいている。難病は、①発病の機構が明らかでない、②**治療方法**が確立していない、③**希少**な疾患である、④長期の療養を必要とする、という４つの条件を満たすものとされるが、指定難病にはさらに、⑤患者数が一定の人数（人口の約0.1％程度）に達しないこと、⑥客観的な**診断基準**が成立していること、という２つの条件が加わっている。医療費助成の対象となるのは、**指定難病のうち重症度分類等で一定程度**以上のものである。

パーキンソン病では、振戦（しんせん）、無動、固縮（こしゅく）、姿勢反射障害が現れる

パーキンソン病では、安静時**振戦**（手足が震える）、**無動**（動きが鈍くなる）、**固縮**（手足がこわばる）、**姿勢反射障害**（倒れやすくなる）が現れ、これらの症状によって、仮面様顔貌（がんぼう）、小声・小書字、屈曲（くっきょく）姿勢、小刻み歩行など、**パーキンソン症状**といわれる運動症状が生じる。

パーキンソン症状はパーキンソン病に特有のものではなく、**神経変性疾患**（多系統萎縮（いしゅく）症、進行性核上性麻痺、大脳皮質基底核変性症、レビー小体型認知症）などでも生じます。

11 障害の理解

④ 精神障害（発達障害）

⑤ 難病

 ○ 学習障害（LD）は、聞く、話す、読む、書く、計算する、推論する能力のうち、特定のものの習得が困難であるが、全般的な知的発達に遅れはない。

筋萎縮性側索硬化症（ALS）では、知的能力は障害されにくい

筋委縮性側索硬化症（ALS）は、初期には手足などの筋力が低下し、進行すると全身の筋肉が低下して呼吸困難となるが、知的能力は障害されにくい。

脊髄小脳変性症では、運動失調がみられる

脊髄小脳変性症では、小脳などの変性により平衡感覚が障害され、小刻み歩行などの運動失調を起こす。また、排尿障害、起立性低血圧、発汗障害などもみられる。

check!

全身性エリテマトーデス（SLE）は原因不明の自己免疫疾患で、女性に多く発症する

全身性エリテマトーデス（SLE）は原因不明の自己免疫疾患で、女性に多くみられる。全身のさまざまな臓器に障害を起こしやすく、特に腎炎から腎不全を起こすことがある。

 障害受容の困難さは、障害の重さと必ずしも一致しない。

障害を受容していく過程は一方向ではなく、段階を「行きつ戻りつ」しながら進む

障害の受容とは、障害を持つ今の自分を価値のある存在として受け入れられるようになることであり、その過程を示すものの1つとして、コーンの段階理論（モデル）がある。

第1段階	ショック期	ショックで事態を理解できない段階。不安はそれほど強くない
第2段階	否認期 （回復への期待期）	障害を否定し、何かの間違いだろう、治療すれば治るだろうと思い込もうとする段階
第3段階	混乱と苦悩の時期	現実を理解しはじめ混乱する段階。自分には価値がなくなったと思う
第4段階	適応への努力期 （防衛期）	適応に向けて前向きに努力する段階。うまくいかない場合は防衛機制を多用して自分を守ろうとする
第5段階	適応期（受容期）	障害を受け入れ、新しい価値観や役割を見出す段階

プラスα　障害の受容は、その人の価値観・人生観による部分も大きいので、個人差が大きいものです。また、受容の困難さは、必ずしも障害の程度とは一致しません。

障害者のリハビリテーションへの動機づけには、まず情緒的な安定を図る（全人間的復権）

障害者がリハビリテーションを行う意欲を高めるには、まず、カウンセリングなどで、情緒的な安定を図る。そして、失った機能を嘆くよりも残存機能を生かすことを考えるように支援する。

障害の受容には、個々人の価値観や人生観なども大きく影響するため、障害の程度が軽いからといって容易であるとはいえない。

中途障害者とのかかわりにおいては、適応機制（防衛機制）について理解する

中途障害者は、障害を受け入れることが困難であり、自我が傷つかないようにさまざまな**適応機制（防衛機制）**を働かせてそれまでの自分を保とうとすることがある。

●適応機制（防衛機制）の種類

抑　圧	容認しがたい欲求や体験などを意識しないようにする
合理化	都合のいい理屈づけをして正当化し、情緒を安定させようとする
同一視	対象の望ましい属性を自分のものとみなして満足しようとする
投　影	認めがたい欲求などを他者に投影し、それを非難することで不安を解消しようとする
反動形成	抑圧された欲求と正反対の傾向をもつ行動や態度をとろうとする
逃　避	不安な状況から逃げ、回避することで、自分を守ろうとする
置き換え	対象に向けられた感情や態度を、他の対象に向ける
代　償	目標とするものが得られないとき、代わりに得やすい欲求で我慢する
補　償	劣等感をカバーするために、他の優れた部分を示す
昇　華	反社会的衝動を社会的に承認される高次な形にして満足しようとする
退　行	困難な状況を避けるために幼児のような態度をとり、情緒を安定させようとする

領域Ⅳ：医療的ケア

12 医療的ケア

医行為は、原則として医師が業務として行う

医行為とは、「医師が**医学的判断**と**技術**をもって行うのでなければ**人体**に危害を及ぼし、または危害を及ぼすおそれのある行為」と定義することができる。
喀痰吸引や**経管栄養**も、原則として医行為の範囲に含むとされているが、社会福祉士及び介護福祉士法により、介護福祉士などの介護職が行うことが認められている。

介護福祉士が喀痰吸引や経管栄養を行う場合は、医師の指示のもとに行わなければならない

介護福祉士が喀痰吸引や経管栄養の医行為を行う場合には、次の2つの要件を満たしたうえで、**医師の指示**のもとに行わなければならない。
①行う人の要件：認定特定行為業務従事者*で、**都道府県の登録**を受けた事業所で働いていること
②事業所の要件：登録喀痰吸引等事業者**として**都道府県**に登録している事業所であること

*喀痰吸引等研修を修了し、都道府県に申請・登録した者
**もしくは登録特定行為事業者

 喀痰吸引や経管栄養は、医行為の範囲に含まれていない。

介護職が<u>医療的ケア</u>を実施する場合は、<u>医療の倫理</u>を理解する必要がある

一定の要件を満たした介護職が実施できる、喀痰吸引などの医療的ケアは**医行為**であるため、介護職が医療的ケアを実施する際には、医療は、**生命の尊厳**と**個人の尊厳**の保持を旨とし、医療を受ける者の心身の状況に応じて行うよう努めるなど、医療の倫理を理解することが必要である。

医療的ケアを行う際は、命を守ることを最優先にしなければならない

喀痰吸引や経管栄養といった医療的ケアを実施するにあたっては、①**命**を守ることを最優先にする、②介護職が実施できる**範囲**や**役割**を正確に理解する、③利用者が**安心**できる正確なケアを実施する、④正確に**報告**する、という4点を守る。

12

医療的ケア

① 医療的ケアとは

 ×　喀痰吸引や経管栄養も、原則として医行為の範囲に含まれている。

check!

介護福祉士が医療的ケアとして行う喀痰吸引は、咽頭（いんとう）の手前までとされている

介護福祉士等の介護職が医療的ケアとして行う喀痰吸引には、①口腔（こうくう）内の喀痰吸引、②鼻腔内の喀痰吸引、③気管カニューレ内部の３つがあり、口腔内と鼻腔内については、どちらも咽頭の手前までを限度とすることとされている。

check!

介護福祉士が行う経管栄養は、胃ろうや腸ろうの状態に問題がないことを要件とする

介護福祉士等の介護職が医療的ケアとして行う経管栄養には、①胃ろう、②腸ろう、③経鼻経管栄養（けい び けいかん）の３つがあり、胃ろうと腸ろうは、その状態に問題がない場合に行うことができる。また、胃ろう・腸ろうにおける状態の確認、経鼻経管栄養における栄養チューブの確認（正確に胃の中に挿入されているか）は、医師または看護職員＊が行うこととされている。

＊看護職員とは、保健師、助産師、看護師、准看護師をいう

 介護福祉士が行う口腔内の喀痰吸引は、咽頭の奥まで実施することができる。

喀痰吸引時は、吸引の操作を適切に行うだけでなく、感染防止を徹底する

喀痰吸引時は、吸引の操作を適切に行うだけでなく、**感染防止**を徹底しなければならない。吸引時には、**プラスティック手袋**を着用し、吸引は**無菌操作**で行う。また、気管切開をしている者については、室内が乾燥すると、切開部に細菌や埃が付着しやすくなるので、こまめな**湿度調整**が必要となる。

医療的ケアの安全な実施に向けては、リスクマネジメント（危機管理）を徹底する

予測できる問題の発生の予防や発生した問題に対応する体制整備などによって、問題（危機）を回避または軽減することを**リスクマネジメント**という。リスクマネジメントでは、あらかじめ**予防対策**や**事故対策**などを策定し、医療的ケア実施時に、確実に実行できるようにしなければならない。

覚えよう

予防対策とは、事故を未然に防ぐための対処方法等をいいます。一方、事故対策とは、事故発生時の迅速かつ適切な対処方法等をいいます。

× 介護福祉士が行う口腔内の喀痰吸引は、咽頭の手前までを限度とする。

リスクマネジメントの向上には、ヒヤリハットやアクシデント報告の共有化を徹底する

ヒヤリハットとは、事故寸前の危険な事例を指し、アクシデントとは、事故が起き利用者の心身に影響を及ぼした事例を指す。

ヒヤリハットやアクシデントを起こす原因には、技術不足や手順の間違いなどがある

観察不足、技術不足、環境整備の不備、手順の間違い、職員間の連携不足などが原因となっている。

LV	影　響	分類
0	エラーや医薬品・医療用具の不具合がみられたが、対象者には実施されなかった	ヒヤリハット
1	対象者への実害はなかった（何らかの影響を与えた可能性は否定できない）	
2	処置や治療は行わなかった（対象者観察の強化、バイタルサインの軽度変化、安全確認のための検査などの必要性は生じた）	
3a	簡単な処置や治療を要した（消毒、湿布、皮膚の縫合、鎮痛剤の投与など）	
3b	濃厚な処置や治療を要した（バイタルサインの高度変化、人工呼吸器の装着、手術、入院日数の延長、外来患者の入院、骨折など）	アクシデント
4a	永続的な障害や後遺症が残ったが、有意な機能障害は伴わない	
4b	永続的な障害や後遺症が残り、有意な機能障害の問題を伴う	
5	レベル4bをこえる影響を与えた	

厚生労働省では、「喀痰吸引等業務（特定行為業務）ヒヤリハット・アクシデント報告書」において、出来事の影響度分類を示している。

 対象者への実害がなかった場合は、ヒヤリハットに該当しない。

スタンダードプリコーションは、医療・ケアを提供するすべての場所で適用される

スタンダードプリコーション（標準予防策）は、医療やケアを提供するすべての場所で適用されるもので、すべての利用者に対し、感染症の**有無**にかかわらず、「血液、すべての体液、汗を除く分泌物、排泄物、**傷**のある皮膚や粘膜は感染性病原体を含む可能性がある」という原則に基づき、手指の衛生や防護具（マスク、ガウンなど）の着用等、感染リスクを減少させる予防策を示している。

check!

医療的ケアの実施前後には、バイタルサインを確認する

バイタルサインとは、一般的に**体温**、**呼吸**、**脈拍**、**血圧**を指すが、**意識状態**を含める場合もある。
医療的ケアの実施前後には、**バイタルサイン**を確認し、異常がみられた場合には、速やかに医療職に報告し、指示を仰ぐ。さらに、医療的ケア実施時も、利用者の表情、顔色、皮膚の色などを**観察**し、健康状態に異変が生じていないかを確認する。

 × 対象者への実害がなかった場合であっても、何らかの影響を与えた可能性は否定できないため、ヒヤリハットに該当する。

12

医療的ケア

❷ 安全な療養生活と健康状態の把握

呼吸が適切に行われず、低酸素状態になると、口唇や爪床にチアノーゼがみられる

呼吸による換気が不十分な場合、肺胞から血中に送られる酸素量が減少するため、**低酸素状態**となる。

チアノーゼとは、口唇や爪床が紫色に変化する状態である。チアノーゼは、**観察**によって把握することができるほか、**パルスオキシメータ（経皮的動脈血酸素飽和度モニター）** を活用することによっても、確認することができる。

パルスオキシメータは、脈が検知されないと数値の信頼性が乏しくなる

パルスオキシメータでは、簡便に動脈の血中の酸素量（酸素飽和度）を測定することができるが、**脈が検知されない場合**には表示された数値の信頼性は乏しくなる。

そのため、貧血、末梢循環不全、濃い**マニキュア**を爪に塗っているなどの場合には、正確な数値を示さないことがある。

 貧血がみられる場合、パルスオキシメータの数値の信頼性は乏しい。

喀痰吸引で痰を吸い出すことで、低酸素状態や誤嚥などにつながることを防ぐ

痰の**貯留**がみられると、適切な呼吸ができず、低酸素状態、誤嚥、窒息などを生じるリスクも高まる。そのため、**喀痰吸引**によって痰を吸い出すことによって、低酸素状態、誤嚥、窒息などにつながることを防ぐ。

喀痰吸引の種類には、口腔内吸引、鼻腔内吸引、気管カニューレ内部の吸引がある

喀痰吸引は、基本的に吸引器につないだ吸引チューブを口や鼻から挿入して痰を吸い出す。喀痰吸引の種類には、**口腔内**吸引、**鼻腔内**吸引、**気管カニューレ**内部の吸引がある。
なお、気管カニューレの先端より深い部分の気管には**迷走神経**があるため、気管カニューレの先端を越えないようにする。

口腔内吸引	吸引チューブを口から挿入して痰を吸い出すもの
鼻腔内吸引	吸引チューブを鼻から挿入して痰を吸い出すもの
気管カニューレ内部の吸引	気管切開を行って気管カニューレを装着した利用者に対し行うもの。滅菌した洗浄水を使用する

 ○　パルスオキシメータは、脈が検知されないと数値の信頼性が乏しくなる。

check!

喀痰吸引の実施後は、吸引した<u>痰の性状を確認する</u>

喀痰吸引を実施する場合、利用者の全身状態の観察やバイタルサインを確認するだけでなく、吸引した痰の**性状**も確認しなければならない。

感染症に罹患（りかん）したり、体内で出血がみられたりした場合には、痰の色、粘性、臭いにも変化がみられる。これらに変化がみられた場合には、速やかに**医療職**に報告する。

●代表的な痰の性状の種類

色	白濁（はくだく）、黄色、緑色	**感染**の可能性が高い
	薄い赤色、赤い点々が混在	口、鼻、喉などに傷がある
	鮮やかな赤色（鮮血）	口、鼻、喉などから出血している
	黒色に近い赤色	以前に口、鼻、喉などから出血していた
粘度	粘性が低い（サラサラ）	透明で量が増えた場合には気道の炎症、鮮血がみられる場合は出血している
	粘性が高い（ベトベト）	体内水分量の不足、色も変化している場合は**感染**の可能性が高い
臭い	腐敗臭、酸性	**感染**の可能性が高い

 粘性が低いサラサラした性状の痰の場合、体内水分量が不足していると判断できる。

check!

人工呼吸器は、圧力をかけて酸素を肺に送り込む医療機器である

人工呼吸器は、圧力をかけて**酸素**を**肺**に送り込む医療機器であり、人工呼吸器本体に、加温加湿器やウォータートラップなどの付属品を適切に接続して使用する。

人工呼吸器を使用して呼吸の維持・改善を図る人工呼吸療法には、専用のマスクを着用して行う**非侵襲的人工呼吸療法**や、気管切開によって行う**侵襲的人工呼吸療法**がある。

check!

異常時に速やかに対応が行えるように、人工呼吸器のアラームは必ずセットしておく

異常時に速やかに対応が行えるように、人工呼吸器の**アラーム**は必ずセットしておく。また、状態の急変や機器の故障などの緊急時に速やかに対応できるよう、主治医や呼吸器提供業者への**連絡体制**を整備しておく。

 ×　体内水分量が不足していると判断できるのは、粘性が高いベトベトした性状の痰である。

在宅酸素療法（HOT）では、装置の周囲2m以内に火気を置かない

在宅酸素療法は、体内に**酸素**を十分に取り込めない状態にある人が行うもので、室内では**酸素濃縮装置**、屋外では**携帯用酸素ボンベ**を使用して行う。医師の指示の下に管理し、酸素濃縮装置等の使用中は装置の周囲2m以内に火気を置かないように注意する。高濃度の酸素を吸入中にタバコを吸うことは**厳禁**である。

在宅で人工呼吸療法を行っている場合は、停電時に備えた電源を確保しておく

地震災害等により長時間の停電が発生した場合であっても自宅で療養を続けるためには、次のような準備が必要である。
①人工呼吸器の**非常用電源**（外部バッテリー等）が確保されている
②家族が非常時のケアの方法を習熟している
③薬品、医療材料、消耗品、食料等を**備蓄**している
④医療機関、人工呼吸器取扱事業者などと**非常時**にも連絡がとれる

 高濃度の酸素を吸入しているときに喫煙することは厳禁である。

喀痰吸引の実施準備では、指示の確認や物品・機材の確認などを行う

喀痰吸引の実施準備として必要な対応には、主に**指示の確認**、手洗い、物品・機材の確認およびその配置がある。

指示の確認	主治医等からの**指示**や引継ぎ事項などを確認する
手洗い	石鹸と流水による**手洗い**や、**アルコール消毒**を行う
物品・機材の確認	必要な物品や機材が揃っているかを確認する
物品・機材の配置	物品・機材を使用しやすい場所に配置する

体位ドレナージは、さまざまな体位に移動することによって、効率的に痰の喀出を促進する

体位ドレナージは、さまざまな体位に移動することによって、効率的に**痰の喀出**を促進する方法であり、痰吸引を実施する際に必要に応じて行うことが大切である。

また、長期療養で気管切開や気管挿管を受けている者に対しては、自力で気道内の分泌物を喀出できない場合も多いので、適宜、**痰吸引**の実施によって**気道**を確保する。

酸素濃縮装置は正しく使用すれば安全な装置であるが、使用中に喫煙することは大変危険であり、利用者だけでなく周囲の人も含めて厳禁である。

12
医療的ケア

④ 人工呼吸器療法
⑤ 喀痰吸引の方法

カテーテルを挿入する長さは、口腔内は 10 〜12cm、鼻腔内は15〜20cm程度を目安 とする

カテーテルを挿入する長さの目安は、口腔内は 10 〜 12cm、鼻腔内は 15 〜 20cm 程度とされている。ただし、人それぞれに異なるので、**適切な長さ**の目安を確認する。また、1 回の吸引時間は 10 〜 15 秒以内を目安とし、呼吸の様子、顔色、唇の色などを観察しながら行う。異変があった場合は直ちに**中止**する。

吸引チューブを再利用する方法には、浸漬法 _{しんしほう} と乾燥法がある

浸漬法とは、消毒液が入った保管容器に吸引チューブを浸して保管する方法であり、使用時には、吸引チューブに付着した消毒剤を清浄綿などで拭き取る。一方、**乾燥法**は、吸引チューブを乾燥させて保管容器に保管する方法である。

Q 喀痰吸引は、1 回 20 秒程度を目安として行う。

分泌物等の貯留物を吸引する際は、決められた深さを越えないようにする

喀痰吸引では、吸引チューブを静かに挿入し、決められた深さを越えて、**出血**させないように注意しなければならない。
そのほか、決められた**吸引圧**を守ることや、吸引チューブは1箇所に留めておかず、回したり、ずらしたりすること、決められた**吸引時間**を遵守することなども念頭に入れて実施する。

再度、喀痰吸引を行うときは、利用者の呼吸が落ち着いたことを確認してから行う

吸引を行っている10～15秒の間、利用者は呼吸ができないため、吸引直後は呼吸が**乱れ**ている。痰が取り切れず、再度、吸引を行うときは、利用者の呼吸が落ち着くまで待って、落ち着いたことを**確認**してから行う。

12
医療的ケア

⑤
喀痰吸引の方法

 × 喀痰吸引は、1回10～15秒以内を目安とし、呼吸などを観察しながら行う。

経管栄養の実施準備では、指示の確認や物品・機材の確認などを行う

経管栄養の実施準備として、指示の確認、手洗い、物品・機材の確認、栄養剤の注入準備などがある。

指示の確認	主治医等からの指示や引継ぎ事項などを確認する
手洗い	石鹸と流水による手洗いや、アルコール消毒を行う
物品・機材の確認	イルリガートル（ボトル）、チューブ、栄養剤、タオルなどの必要物品を用意し、栄養剤の種類、注入量、温度、注入時間を確認する
栄養剤の注入準備	イルリガートルをスタンドに吊るし、栄養点滴チューブを取り付け、クレンメを閉じてから栄養剤を注ぐ。栄養剤は点滴筒に半分ほど満たすように調整する

イルリガートルは、注入部位よりも50cm程度高い位置に吊るす

チューブの接続では、栄養チューブの挿入口の状態を確認し、適切な体位をとるなどの環境を整備する。

イルリガートルは、注入部位よりも50cm程度高い位置に吊るすことが基本である。ここでは、栄養点滴チューブの先端と栄養チューブがはずれたり、接続口から栄養剤が漏れたりしないように、しっかりと接続する必要がある。

 経管栄養の注入速度が原因で下痢を生じた場合は、注入速度を速くする。

経管栄養の注入速度が原因で下痢を生じた場合は、通常、注入速度を遅くする

胃ろうからの経管栄養を受けている者が下痢になった場合には、その原因に応じて経管栄養の**温度**、**注入速度**、**注入量**を調節する。注入速度が原因で下痢を生じた場合は、通常、注入速度を**遅く**する。また、胃食道逆流や下痢の予防法として、経管栄養終了後1時間程度まではファーラー位を保持することなどもある。

経管栄養の実施中に異常が発生したときは、医療職に報告する

経管栄養は、栄養を**経口摂取**できない場合に胃や腸などの**消化器**にチューブを挿入して栄養を送る方法である。実施中に次のような異常が発生した場合は、状況に応じて直ちに**医療職**に報告する。

- 注入液が注入されない
- チューブ等の脱落
- 呼吸が苦しい様子
- げっぷ、しゃっくり
- 注入液が漏れる
- 痰がからんでいる
- 顔色が悪い
- 腹部膨満
- 出血
- 嘔吐（おうと）

12

医療的ケア

⑥ 経管栄養の方法

 × 経管栄養の注入速度が原因で下痢を生じた場合は、通常、注入速度を遅くする。

胃ろうから経管栄養食を投与する際は、胃食道逆流に注意する

胃ろうからの経管栄養食の投与は、**胃食道逆流**のおそれがあり、**誤嚥性肺炎**を生じる要因にもなる。そのため、姿勢を整えてから開始する。

口から食べていなくても、口腔ケアは必要です。ただし、経管栄養のすぐ後に行うと刺激によって嘔吐や嘔吐物の誤嚥を招く恐れがあるので、注意が必要です。

胃ろうを造設している利用者に対しては、カテーテルの自然抜去などに注意する

胃ろうを造設している場合、カテーテルの**自然抜去**、**自己抜去**、**脱落**といった事故に注意しなければならない。
カテーテルが抜去し、時間がたってしまうと、ろう孔が閉鎖してしまうため、カテーテルの抜去を発見した場合には、速やかに主治医などの医療職に**報告**するなどの対応が必要となる。

胃ろうカテーテルの抜去を発見した場合は、時間がたつとろう孔が閉鎖してしまうため、速やかに再挿入を行う。

check!

食物や異物が喉に詰まったときは、詰まった物の除去を試みる

異物除去の方法として、「腹部突き上げ法（ハイムリック法）」と「背部叩打法」がある。ただし、腹部突き上げ法は、**妊婦**や**乳児**に行ってはならない。

◎腹部突き上げ法：対象者の後ろから腹部に両手を回し、握りこぶしを**みぞおちのやや下**に当て、手前上方に向けて圧迫するように突き上げる
◎背部叩打法：対象者の後ろから、手のひらの基部（手掌基部）で、左右の肩甲骨の真ん中あたりを強く何回も叩く

check!

熱中症が疑われる場合は、涼しい場所へ移し、衣類をゆるめ、体を冷やす

重症度	症状	対処
軽度	めまい、立ちくらみ、手足のしびれなど	**水分・塩分**の補給、安静により回復すれば受診は不要
中等度	頭痛、吐き気、集中力・判断力の低下など	水が飲めない、症状が**改善**しない場合は受診が必要
重度	意識障害、けいれん、体が熱いなど	直ちに専門家につなげる（**救急車の要請**など）

 ○　カテーテルの抜去を発見した場合には、速やかに医療職に報告して再挿入の対処をしてもらう。

12 医療的ケア

⑥ 経管栄養の方法

⑦ 応急手当と緊急時対応

check!

心肺蘇生法（CPR）は、胸骨圧迫から開始し、絶え間なく行う

心肺蘇生法（CPR）は、胸骨圧迫から開始する。

●胸骨圧迫のポイント

① **強く**（5cm 以上を意識し、6cm を越えない。小児や乳児は胸の約 1/3 の深さ）
② **速く**（1 分間に 100 ～ 120 回。小児や乳児も同じ）
③ **戻して**（毎回、圧迫したら完全に胸を元の位置に戻す）
④ **絶え間なく**（10 秒以上中断しない）

check!

人工呼吸ができる場合は、頭部後屈あご先挙上法により気道を確保する

利用者に反応がなく、呼吸がないか、異常な呼吸（死戦期呼吸）が認められる場合は**心停止**と判断し、心肺蘇生法（CPR）の必要があると判断する。
人工呼吸ができる場合は、**頭部後屈あご先挙上法**により気道を確保する。

 衣服の上から火傷した場合は、よく冷やすため、衣服を脱がしてから流水で冷やす。

心肺蘇生法（CPR）は、胸骨圧迫と人工呼吸を 30：2 で行う

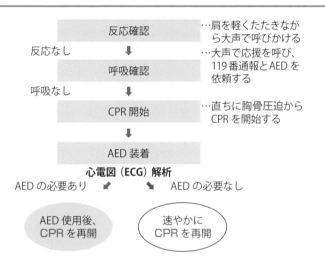

反応確認	…肩を軽くたたきながら大声で呼びかける
反応なし ↓	
呼吸確認	…大声で応援を呼び、119番通報とAEDを依頼する
呼吸なし ↓	
CPR 開始	…直ちに胸骨圧迫からCPRを開始する
↓	
AED 装着	

心電図（ECG）解析

AED の必要あり ↙　↘ AED の必要なし

AED 使用後、CPR を再開　　速やかにCPR を再開

着衣の火傷（やけど）は、衣服の上から冷水をかける

着衣のまま火傷をした場合は、衣服を**脱がせず**にその上から**冷水（流水）**をかけ、疼痛が軽減するまで 15 ～ 30 分程度冷やし続ける。重症の場合や**広範囲**にわたる場合は、速やかに受診する。

× 無理に衣服を脱がすと火傷部分の皮膚も一緒にはがれてしまう可能性があるため、衣服の上から冷やす。

12

医療的ケア

⑦ 応急手当と緊急時対応

本書の正誤情報等は、下記のアドレスでご確認ください。

http://www.s-henshu.info/kfjk2404/

上記掲載以外の箇所で正誤についてお気づきの場合は、**書名・発行日・質問事項（該当ページ・行数**などと誤りだと思う理由）・**氏名・連絡先**を明記の上、お問い合わせください。

・web からのお問い合わせ：上記アドレス内【正誤情報】へ
・郵便または FAX でのお問い合わせ：下記住所または FAX 番号へ
※電話でのお問い合わせはお受けできません。

【宛先】　コンデックス情報研究所「介護福祉士重要項目 '25 年版」係
　　　　　住　　所　〒 359-0042　所沢市並木 3-1-9
　　　　　FAX 番号　04-2995-4362（10：00 〜 17：00　土日祝日を除く）

※本書の正誤以外に関するご質問にはお答えいたしかねます。また受験指導などは行っておりません。
※ご質問の受付期限は、2025 年 1 月の試験日の 10 日前必着といたします。
※回答日時の指定はできません。また、ご質問の内容によっては回答まで 10 日前後お時間をいただく場合があります。
　あらかじめご了承ください。

監修：寺島　彰
（公財）日本障害者リハビリテーション協会副会長。元浦和大学総合福祉学部教授。介護福祉士、介護支援専門員、社会福祉士。

改訂執筆：

島﨑　将臣　神戸女子大学社会福祉学科助手

品川　智則　東京 YMCA 医療福祉専門学校専任教員

編著：コンデックス情報研究所
1990 年 6 月設立。法律・福祉・技術・教育分野において、書籍の企画・執筆・編集、大学および通信教育機関との共同教材開発を行っている研究者・実務家・編集者のグループ。

本文イラスト：オブチミホ、矢寿ひろお、田中于雄

介護福祉士重要項目 '25年版

2024年 6 月10日発行

監　修　寺島 彰
　　　　てら しま　あきら

編　著　コンデックス情報研究所
　　　　じょう ほう けん きゅう しょ

発行者　深見公子

発行所　成美堂出版
　　　　〒162-8445　東京都新宿区新小川町 1 - 7
　　　　電話(03)5206-8151　FAX(03)5206-8159

印　刷　大盛印刷株式会社